Itaewon 곰팡이꽃 풀 옵션

포지션 詞林 017
Itaewon 곰팡이꽃 풀 옵션

펴낸날 | 2022년 11월 3일

지은이 | 하여진
펴낸이 | 차재일
책임편집 | 이용헌
펴낸곳 | 포지션
등록번호 | 제2016-000118호
등록일자 | 2016년 4월 12일
주소 | 서울시 마포구 대흥로8길 26. 201호
전화 | 010-8945-2222
전자우편 | position2013@gmail.com

ⓒ 하여진, 2022

ISBN 979-11-970197-7-7   03810

값 10,000원

* 이 책의 전부 또는 일부 내용을 재사용하려면 반드시 지은이와 포지션의 서면 동의를 받아야 합니다.

Itaewon 곰팡이꽃 풀 옵션

하여진 시집

포지션

* 한 연이 다음 쪽의 첫 행에서 시작될 때는 ' 〉 '표시를 함.

시인의 말

이사를 나이보다 더 많이 했다.
초본을 떼면
내 살아왔던 주소들이 찍혀 있다.
전입신고를 하기 위해
얼마나 더 쫓겨 다녀야 할지…….
집 대신 첫 시집을 냈다.
세상에 태어나 처음 가져보는
내 소유의
집
한
칸.

2022년 가을
하여진

차례

1부 | 기적의 부작용

기적의 부작용   12
절벽   14
몸뻬꽃   16
뽕을 기다리며   18
계림전파사   20
굳은살 프로젝트   22
여섯 파트로 이루어진 열여덟 개의 해프닝들   24
2020, 여름   26
자몽   28
주전자에 대한 몽상   31
고욤   34
지우개로 지워지지 않는 꿈   36
벼룩시장에서 후광을 사다   38

2부 | 굴성

허虛 42

낮에 쓴 일기 44

굴성 47

푸랭이 48

유리의 뿌리 50

모과 52

서울 레코드 54

돌 맞은 이야기 57

허공에게 먹이 주는 남자 60

물 위의 빈집 62

봄, 익스프레스 64

딱딱소리새 66

베스트셀러 읽어 보세요 68

3부 | 지상의 밤에

지상의 밤에　72

소월에게　74

목신의 오후　76

딸기쨈　79

바늘　82

허공, 그 지겨운 사물에 대하여　84

집　87

구석　88

詩,　90

여인은 완성되었다　92

빈방　94

네루다를 기다리는 동안　96

우아한 시체놀이　98

4부 | Itaewon과 곰팡이꽃 풀 옵션

지퍼　　102

부서진 오아시스　　103

거기에 컵 홀더　　104

삼일극장　　106

꽃과 파스　　108

남부민동 684번지에 채석강이 흐른다　　110

비둘기와 튀밥 할머니　　112

Q, 해성 오디션　　114

파전과 우산과 k의 기록　　116

와온 속으로　　118

으아리　　121

Itaewon과 곰팡이꽃 풀 옵션　　122

해설 세상 모든 가장자리를 위하여 | 고봉준　　126

1부

기적의 부작용

기적의 부작용

기적이 필요할 나이는 넘었다
자리만 차지하고 있는 가죽 소파와 같은 기적을
내다 버린다
표정 없는 커튼의 얼굴, 망령으로 서 있는 포플러나무들

불길한 전조처럼
서걱서걱 제 몸의 나뭇잎을 훑고 있는 밤,
어둠의 목소리가 삭막하다

검은방울새가 떨어뜨리고 간 종이
기적은 예기치 않는 곳에서 오는 게 아니라
책과 책 사이에 몰래카메라처럼
매복하고 있다

삶의 숙주에 엉겨 붙어사는 교살목처럼
땅에 떨어질 때 소리가 나지 않는 기적

누가 볼까 봐 발로 밟고 주변을 살피던
잃을 것이 많았을 때
정말 말도 안 되는 일이 일어났어요
어떻게 이런 일이 일어날 수가 있어요
아직도 믿어지지 않네요

예상을 뒤엎은 기적 따위는 절대 일어나지 말았어야
한다
잃을 수 있는 것 다 잃어버린 지금이
기적이다

귀퉁이가 척척 맞아떨어지는 타일
그 같은 운명이
편의점 앞 야외 테이블에서

절벽

내 감정은 늘 텁텁한 회색이다 권태로운 예각의 날들 신축성 없는 비탈의
절망 연습

직립은 습관이 되었다 몸이 가볍다 껌을 씹으며 흉측한 눈으로 세상을 바라보며
폐업한 가게 문에 끼워진 고지서처
럼
클라이밍들의 자세는 방심의 각도

불안은 생의 전략이다

허리가 휘어져도 좋다 흥건히 젖어 있는 몸
밤마다 몸을 찢은 꿈을 꾼다

안전을 부추기는 홀드마다 색이 있다 위험을 즐기기 위해 회원가입이 필요하고

수강료를 지급해야 하는 나에게
　숙명은 정해져 있다

　　찰나에,

　　추락의 스릴을 위해 깔린 안개, 안개가 달려와 다리
를 핥을
　　때
　　눈을 감는다 가끔 안주머니에 있는 심장을 꺼내 펄럭
이는 바람에 걸어놓는

　　내 몸은 늘 텁텁한 회색이다

몸뻬꽃

가난에는 사이즈가 없어요

줄였다 늘였다 입을 수 있는 몸

입다 보면 뒤가 앞이 되기도 하고

앞뒤 없는 사람은 가랑이 사이 덧댄

지느러미 한 장씩 가지고 있어요

선창가 새벽부터 소독차 지나가고

갈매기 울음도 하얗게 소독되고 있어요

새벽을 싣고 온 배에 올라

병어, 조기, 선별해주고 일당 외에 받은 고기로

모퉁이 난전에 생선 팔던 여자

뒷 생선 받고 준 몸값에 아이까지 얻었지요

젖 물릴 때면 옆구리까지 흘러내린 아이 머리통이

갈라진 토마토 같았어요

반평생 핏대 세워 지킨 그늘 아래

절망의 때가 번들거려요

마수 없어 헐렁해진 몸

암막새 수막새 생의 파도 휘적휘적 가르며

영혼까지 덤으로 담아주는 여자

단속반 실랑이에 나자빠져

흩어진 고등어를 주워 담는 그녀

시든 몸에도 꽃이 피지요

사시사철 피어 있는 저 꽃무늬 몸뻬

뽕을 기다리며

홈쇼핑에서 주문한 뽕,
산간 지역이어서 추가 배송료를 내야 하네

늘어나고 비뚤어지고 휘어지고 짓물러진 시간을 살릴 수만 있다면
추가 배송료가 문제겠는가

부레옥잠에 물을 채우네 물이 흘러나온 거실이 출렁출렁 부풀고
아이비보다 더 싱싱하게 자란 색색의 약봉지가
거실 벽에 주렁주렁 걸려 있네
라디오를 켜 초록에 주파수를 맞춰 볼륨을 키우네
소파 밑으로 초록이 지나고
커튼 자락 속으로 숨어드는 파란 하늘들이
하나, 둘, 셋 창밖으로 바람을 타고 뛰어내리네
나는 초인종 소리를 기다리며 청소기를 돌리며 노래를 하네

〉

숱 빠진 옆머리에도 뽕, 꺼진 뒤통수에도 뽕, 흰머리가 무거워지는 앙상한 정신에도 뽕, 격정이 사그라진 정수리에도 뽕,

목 늘어난 니트처럼 의욕이 헐거워지고
대책 없던 광기나 분별력 없는 경솔한 행동에도
감정을 쉽게 드러내지 않는 법을 익혀야 하네

딩동,
공장에서 갓 출고된 나의 신선한 청춘들이 도착했네

계림전파사

두산위브 아파트 그늘이 골목을 지그시 누르고 있다
계림전파사 검은 선팅 유리창에 비친 내가 지나간다
와이파이가 터지지 않는 골목
위성 안테나가 피어 있는 전파사 지붕 위
밤이 되어야 들여다보이는 전파사 안은
꽈리를 튼 전선들이 천장까지 쌓여 있다
앵글 선반에 고장 난 오디오, 티브이, 선풍기, 밥솥이 즐비하고
선풍기 날개가 여러 개 묶여 있고
교회와 선녀보살집
구원과 족집게 점에 절연테이프로 연결된 골목
전파사 유리창으로 계절이 돌아온다
건전지를 갈아 끼운 골목에
장미 넝쿨마다 불이 들어온다
녹슨 대문 앞에 나와 앉은 노파가
환하게 켜진 장미 덩굴 아래
적외선 불빛을 쬐고 있다

붉은 ×자가 늘어나는 무렵의 골목
분식집 앞에 세워둔 엑스 배너 거치대가
택시가 지나가는 바람에 훌러덩 쓰러진다

가로등과 가로등 사이 연결된 전선 위에는
오래된 습관처럼 새들이 부리를 묻고 자고 있다

굳은살 프로젝트

어둡고
세상 제일 안쪽 구석진 자리
돌아앉아도
삶 가까이 닿아 있다
수없이 죽었다 살아나는 조연助演
누구의 도움 없이 외롭게
못 박고 녹슬어
살이 되는 그때까지
낡은 수첩에 적바림들 이슬, 미루나무, 사슴
아슬한 이름들은 낡아 희미해져 가고
고독한 저 정지비행
몸 헐어
더욱 딴딴해지는
실리콘 굳은 흉터다

아침 점심 저녁 복용하는 인내라는 알약
벌겋게 짓무른 중심中心

물집이 터지고
오기가 아물고
노랗게 뻑뻑한 근육 생길 때까지
생의 가진 거란 곧 도관 같은 집착이다

노지의 힘
뒤꿈치의 힘
깡의 힘
씨발의 힘,

아버지

여섯 파트로 이루어진 열여덟 개의 해프닝들*

장전된 총알을 드드득 빼버리듯
스프링 공책은 알리바이를 흘리지 않는다
바다는 파도 스프링이 달린 공책
어느 섬에 묻어둔 해적들의 보물지도가 떠올랐다 사라지고
칼라에서 흑백으로 바뀐 나침반의 방위 위로
안개가 흐르고, 파도소리가 그쳤다
건망증,
눈 밑에 그늘진 시간과
귀밑에 남은 태초의 바람 냄새도 까마득히 그친
나였다가 내가 아니었다가
오른쪽에서 왼쪽으로 키를 돌리듯
잊기 위한 습관들
태양이 물속으로 가라앉을 때
달이 물 밖으로 떠오를 때
너는 거대한 공책을 옆구리에 끼고
다시 돌아오기 위해 떠나야 할까

깨진 LP에 남은 검은 악마의 속삭임처럼
감겼다 구겨진 기억력의 코일, 소멸하여버린
삶의 환각들
신문, 끈, 접착테이프, 장난감 피아노, 여인과 오렌지,
탕수육, 물방울을 그리는 화가
곧 먼지처럼, 천천히 아주 천천히
오른쪽에서 왼쪽으로 넘길 때마다 한 문장씩 지워지는 해프닝
(지구 위에서 산다는 일이 물속이기도 한 것
같고 아닌 것도 같고)

장전된 총알을 드드득 빼버리듯
해변의 거품 이는 순간

*행위 미술가의 앨런 캐프로 작품(1958)

2020, 여름

 지하철 문이 열리고 아이 업은 여자가 들어온다 오른손에는 까만 봉지가 들려 있다 아이를 덮고 있는 담요는 더럽고 냄새가 심하다 힘이 없어 보이는 여자는 손잡이를 잡고 있으나 금방 주저앉을 듯 위태하고 몸을 움직일 때마다 퀴퀴한 냄새가 진동한다 승객들은 냄새가 나는 쪽으로 자꾸 힐끗거린다 여자 앞에 앉은 남자가 코를 막고 일어서며 그녀를 노려본다 문이 열리자 남자가 재빠르게 내린다 남자 옆에 앉아 있던 사람들은 자리를 옮기거나 아이 업은 여자와 되도록 멀리 선다 다시 문이 열리고 안으로 들어온 어린 여학생이 아이 업은 여자 옆에 선다 비명을 지르는 여학생의 손가락이 아이 엄마 목을 가리키며 뒷걸음질 친다 여자의 목 위로 구더기들이 스멀스멀 기어다닌다 검은 먹구름 같은 승객들이 비명을 지르며 흩어진다 여자는 아무렇지도 않은 듯 목에 기어가는 구더기들을 손으로 훑어 입으로 가져가 씹는다 입술 사이로 노란 액체가 흐른다 그녀의 어깨가 움직이면서 담요가 흘러내린다 그녀의 드러나는 등 위로 수십 마리 구더기들이 구물거린다 담요가 바닥에 떨어진다 죽은 고양이가 그녀의 등에 업혀 있다 마스크를 쓴 고양이 얼굴 위로 구더기들이 하얗게 덮여 있다

  5호선 열차가 대서역大暑驛을 지나고 있다

자몽

비가 오는 날 유리창은 몽상가들을 위한 것
,처럼
턱을 괴고 빗금으로 내리는 슬픈 비를 바라보는 것은
먼 과거에서부터 비롯된 몽상가의 자세
그것은 주의력과는 아무런 의미가 없는
아주 특별한 주문을 위해
시든 감정을 충전한다

자몽주스요

자메이카의 흑인에게 무슨 일이 일어났을까
카리브해로 넘어오지 못한 계절들이 파도를 타고
섬과 섬 사이로 사라지는 거품 키스들, 한 번도 얼어보지 못한 구름 퀼트가
바다박쥐 날갯짓에 자꾸 터지고
자몽 숲으로 다홍알들이 부풀어 오른 열대 해안선으로
겨울이 없는 바람을 먹고 자라는 자몽

〉

　습한 레게음악 알갱이들이 갈리는 소리가 새콤하게 녹음되고
　앵무새 설탕 두 개로도 위로받지 못한 이별이 녹음되고
　그러는 동안 아직 끝나지 않은
　쩨쩨한 찌꺼기 연애들이
　개수대로, 대서양으로 흘러가고

　왼쪽 귀퉁이를 탁
　때리면 열리는 지구 서랍처럼
　내 혀에 익숙하게 녹음된 여자, 쓰다

휘핑크림처럼 부풀어 오른 벚나무 사이로
　이삿짐을 싣고 내려오는 빨간 사다리가 활짝 펼쳐진 팝업북 거리를
　• REC 카페는 녹화 중
　빗방울 하나가

렌즈 앵글에 투명한 빨판을 딛다 주르륵 흘러내리는 오후

주전자에 대한 몽상

입에서 냄새가 날 정도로 말을 거는 사람이 없다
단단한 어둠 속
싱크대 문이 열리고 주인의 손에 잡혀 커피포트가 나갔다
들어올 때면 기진맥진해서 들어올 그가 부럽다
문틈을 비집고 들어오는 한 줄의 빛
내 몸뚱어리에 닿아 있다 빛살 한 줄기의 전율
몸에 닿은 불의 쾌락이 살아난다
활활 건너오는 불의 전이
달구어질 대로 달구어진 몸과 물들의 현란한 춤이 시작되고
탁탁탁 뚜껑에 스텝 큐
마침내 불의 마수에 붙들린 임계점
불에 씹힐수록 더 열에 들뜬 정신
표정을 일그러뜨리며
어긋난 뼈마디 선회하는 송골매처럼 비스듬히
날개를 펼치고 호흡이 터지기 직전
에게리아! 에게리아!*

수증기의 환호
오른쪽만 있고 왼쪽이 없는 물과
왼쪽만 있고 오른쪽만 없는 주전자의
굳었던 몸이 펴지기 시작한다

다 끓은 줄 알고 설풋 내려놓지 말게
뭉근하게 짠닥짠닥 졸여져야
인생도진하게우려나오는거지

전개도를 펼쳐보면
수천 개의 강과 달과 태양이 눌어붙은
자국들
무수히 금이 간 절취선
급소가 바닥에 있는 나는
독백으로 태어나
  독백으로 살다
    독백으로 죽어가는

덜컹,
싱크대 문이 열리고 커피포트가 들어왔다
그에게 새바람 냄새가 난다

* 물의 정령

고욤

절취선이 없는 나무를 알고 있다

새들이 단단한 부리를 나뭇가지에 닦고 있는 동안
어둠이 숲의 안쪽에서부터 층층 번져온다
눈물 껍질만 남아 있는 겨울 숲속에
부음 봉투처럼 서 있는 고욤나무

결빙도 없는 인가의 울타리 안에는
야생을 접붙여진 대봉감나무들이
무릎께의 절취선을 흉터처럼 드러낸 채
배부른 안식에 화롯불을 쬔다
한 소절 적막한 기우 위로 눈이 쌓인다

별들이 동전처럼 짤랑짤랑 빛나는 하늘 강 위로
새들의 울음소리 얼어붙는다
폭설이 휩쓸고 간 산등성이 위로
싱싱하게 쌓이는 보랏빛 달빛

소한을 밀어내고 대한이 숲을 점령할 때쯤
고독과 고독 사이
얼었다 녹았다
거무튀뒤한 몸 안으로 단물이 차오르는 고욤

번식만 하다 죽어가는 모견처럼
검은 숲에 처박혀
가슴팍에 파고드는
야윈 바람의 새끼들에게
수백 개의 젖을 물리고 있는 슬픈 토종의 운명

쪼글쪼글한 시간 사이로
검은 숲의 시간을 넘으면서
불어오는 야생의 바람
절벽 끝에 새겨진 스키드마크
얼어붙은
어둠의 맛

지우개로 지워지지 않는 꿈

치매에 걸린 시어머니를
저녁의 문고리에 묶어두고 온
예순두 살 금례 씨의 걱정이
교실 문턱까지 따라온다
틈만 나면 아픈 나이들이
하나둘 모여드는, 희망야학 교실에는
저녁 일곱 시가 켜진다

쪼글쪼글한 입술 괄약근이 열렸다 닫혔다
ㅏ ㅑ ㅓ ㅕ ㅗ ㅛ ㅜ ㅠ
비누 물방울처럼 소리가 둥둥둥 떠오르고
누리반 교실은 힘껏 달구어진다
뜨거운 물에 넣으면 원래대로 부풀어 오르는, 탁구공처럼
학생들의 찌그러진 마음이 부풀어 오른다

뭉턱뭉턱 빠져나간 젊음과

늘어나 버린 시력과
휘어지고 주름살 진 꿈을 구부리고 앉아
종이에 한 땀 한 땀 그려 박는 글씨들
바다를 쓰면 바다 냄새가 나고
꽃을 쓰면 향기가 나고
새를 쓰면 새 울음소리가 나고
네모 칸 밖으로 자꾸 삐져나온 바다,
받침을 빠뜨린 태양을 지우고 다시 쓴다
지우개는 바다와 태양은 지울 수 있지만
찌그러진 마음 한 칸에 새겨진 꿈은 지울 수 없다

뾰족하게 깎아도 뾰쪽해지지 않는 기억
받아쓰기 한 단어들이 공책을 덮는 순간
머릿속에서 사라져버린다
책상과 책상 사이에 숨어 있던
살찐 꿩 한 마리 푸드덕 날아오른다

벼룩시장에서 후광을 사다

 빈티지 가게에서
한 장에 삼천 원, 두 장에 오천 원
판매대에 쌓여 있는 후광을 고른다
펄이 든 빨간색과
황금색을 골라 거울 앞에서 써본다
낡아서 빛은 약간씩 빠졌지만
아직은 쓸 만하다

계절이 바뀔 때마다 버려진 후광들
빛의 보관법을 몰라서 위엄이 탈색되고
신령스런 주름은 구겨져 광택이 덜하여
버려진 아우라들
교환× 환불×
헌 옷이 되기 위해 나프탈렌 시간을 거쳐서 온
후광을 오백 원을 깎았다

한물간 유행이 지난 신의 권위

땅바닥에 떨어진 신령은 빳빳이 지갑 속에 있다
대량 생산되는 VIP들의 위엄은
위에서 아래로 긁기만 하면
지폐 계수기에 찍히는 숫자처럼
딩동딩동 알리는 인출 소리
황금빛 음영같이 일렁거리는 소리

이 카드는 사용할 수 없는 카드입니다
하루아침에 몰락하여
도시의 유랑자로 전락하여 삶을 기웃대는 그들은
달도 정지시켰던 힘의 강자들
오백 원을 깎은 황금빛 후광을 쓰고 횡단보도에 서 있다

고인 물을 튀기며 마차가 휙 지나간다

2부

굴성

허虛

마침내 주영상회 전기가 끊겼다
한전 직원이 다녀가고 어둠으로 단단해진 가게 안
한참을 앉았던 박 씨
끊어진 시간을 촛불로 이어놓고
서둘러 전어와 소금을 버무린다
한쪽 팔만으로 수십 년간 젓갈 담아온 그의 삶은
잦은 단전으로 삭지 못해 통째로 버린 날이 많다

좌절도 익숙해지면 무뎌져서 힘이 되는 것
촛불에 일렁이는 벽에 비친 그림자
그림자와 박 씨는 젓갈을 담는다
창백한 침묵만 일렁거린다
비닐 주둥이를 묶은 전어 통마다
한 뼘씩 비어 있다

달력도 차면 넘겨야 하듯
빈칸마다 꾹꾹 눌러 담은 울음도

해를 들이쉬었다 뱉고
달을 들이쉬었다 뱉어 넘기는 동안
뼈째 삭은 전어가
단풍이 들쯤 소금도 딜고 바람도 달고 어헛,
검붉게 괴어오른 국물이 게미지게 차오를 것이다
땀에 젖은 수건을 벗어 던지고
소금 가마니 위에 걸터앉아 담배에 불을 붙인다
깊게 빨아당겼다가 내 뿜는
숨비소리
바람에 흩어진다

낮에 쓴 일기

결말은 궁금하지 않다

하지 말라는 것을 더 하고 싶은 나이는 넘긴 것 같은데
오히려 하지 말라는 것을 더 하고 싶다

자꾸 슬퍼지기 위해 야위는 오렌지, 이불보다 겨울은 내 잠의
뼈를 지배한다, 잠은 죽음의 은밀한 밀서, 꿈의 비밀은 여물대로 여물어
내 건조한 감정을 데리고 낮으로 쫓겨온 후부터는
정전기만 우수수 일어나
문고리만 잡아도 혼을 조금씩 뺏겨서
문장마저도 짧아졌다

낮은 기대하지 않아도 기어이 오고
태양의 힘에 굴복하지 않아야 할 것들
열한 가지를 적어 컴퓨터 옆에 붙여놓는다

오직 밤을 통해서만이 사물들의 영혼을 불러낼 수 있는데
낮에 필요한 건, 흰 달빛과 부엉이 울음소리와 유리문에 비친 빈 나뭇가지 위로 걸어가는 밤의 창문이다
창문은 늘 2인칭
저녁이 와야 다가오는 검은 새 떼들의 울음도 없는
와행
죽은 자들을 위해 천궁의 문 앞으로 인도하는 장례 행렬이다
이건 뜻밖의 기회라고 나는 쓴다

창문은 여름보다 수척해졌고
벽에 걸린 벽시계는 사소한 시선으로 밖을 보고 있다

가장 죽음에 가까운 표정을 짓고 있는
사람들은 왜 모래시계를 깨뜨리지 않는 걸까
유리관 속에 시간이 멈출까, 밖이 절대 궁금하지 않

는데
  노인복지회관 마당에서 게이트볼 소리가 피어난다고 쓴다

굴성

아침부터 비가 퍼붓는다

테이프로 꿰맨 금 간 유리창 안

귀때기 새파란 여자가 고개 숙인 늙은 여자를 향해

삿대질을 하더니 머리채를 낚아챈다

머리끄덩이 잡힌 늙은 여자 허우적대다 뒤로 나자빠졌다

목줄기에 핏대를 세운 젊은 여자는 휑 나가고

한참 천장만 바라보던 늙은 여자

엉덩이 툴툴 털고 일어나 머리를 매만지더니

그리고

재봉틀 앞에 앉아 전원을 켠다

푸랭이*

비탈은 생의 전략이다
해발 300미터 산기슭
푸른 안개 속에 자란 천의무봉 한 맛

쓰러졌다 비틀비틀 일어서는 복싱선수처럼
푸르뎅뎅한 뚝심의 깡
불볕더위 아래
이파리와 이파리로 덮은 그늘의 결속
목을 트는 저 혼신의 오기
끝물의 경계선에서 시퍼렇게 견디는 몸뚱어리
초록은
다 초록이 아니다
희고 까만 귀가 씨에 달릴 때까지
한 줌의 무늬조차 거부한다
낮달도 쉬어 가는 골짜기에
석양의 쇠지랑물 받아먹으며
피가 맺힌 넝쿨의 목구멍이 부어오른다

무등산 기슭에서 태어난
비색翡色의 바람, 한 잎에도 혼이 들어
수확기 앞두고 상가에 다녀온 비린 손으로는
못 만지는 청옥골 사람들의 산신에게 제를 올리는 풍습

입석대에 부딪혀
깨진 달빛이 흘러
처서 지나 단풍 지는 물소리 깊은 산장에
곰취, 뾰쪽노루귀 약뿌리에 스민 정기 다 빨아 먹고
자란 태양의 알
똑똑 두드리면
푸릉푸릉
방언으로 우는 독공篤功

*무등산에만 생산되는 수박, 씨에 희고 까만 귀가 달림

유리의 뿌리

내 몸 안으로 사라지는
태양과 강과 집과 계절들은
나를 지탱하는 영혼이다

코팅이 벗겨져 얼룩진 밤하늘
낮과 밤이 하나인 내 몸

어둠 속에 발을 묻고 빛나는 별들
그 무릎에 누워 꿈을 꾸고 싶지만
불면의 밤은 달을 부화하지 못한다

저기, 어둠 속에 십자가가 녹색불로 바뀔 때까지 기다리지 못하고
긴 금빛 단추를 채운 밤 열차가
축축한 영혼들을 태우고 떠나고 있다

떠난 것들이 돌아오고 돌아온 것들이 떠나가는

뿌옇게 말라붙은 환영들
물 묻은 신문지로 닦으면 투명하게 살아나고
나는 굴절 되어간다

무덤덤한 사생寫生의 양식으로 인간들은 야성을 부추기지만
나는 당신들의 입김에 살아났다, 사라지는 심장 하나만을 원해

쨍그랑
쨍그랑
어긋난 균형의 주문을 외우며
깨져야만 종족 번성이 되는
뿌리가 내 몸에서 자라고 있다

떨어뜨린 핸드폰에 한줄기 뿌리가
자꾸 가렵다

모과

어느새
황금의 선율을 밟고
길을 지우며 오는
저 여자 뒤로
하늘 하나가
숨는다

피아노 위에 놓인 순간부터
비스듬히 몸을 기울인 채
방 안 가득 풀어내는 죽음의 향기

빛의 고요한 풍장

살아오는 내내
도무지 절정을 모르는 여자
계절이 지나고 어느 날 문득
피어나는 욕창, 기어이

〉
절정이다

나도
너만 한
나력裸力 한 장
가지고 싶다

서울 레코드

바짝 마른 다시마처럼 빳빳한 새벽 2시
승강장에 멈춘 N26번 버스에 문이 열렸다 닫힌다

졸고 있는 불빛과 승객들을 싣고 버스는 멀어지고
도로에 굴러다니는 플라타너스 낙엽들, 엘피판 바늘 긁히는 소리다

종로에서 종로까지
어둠 속에 신호등 불빛이빨들 점멸하고

종묘와 마주 보고 있는 서울레코드의 사이
횡단보도는 저녁 12시가 넘으면 신로神路여서
바람도 피해서 걷는다

셔터가 내려진 서울레코트, 간판 중앙에 달린 미러볼에서
팝콘처럼 터져 나온 색색의 불빛이 돌고

바닥에 램프애드가 돌고
스피커에서 흘러나오는
you meen everything to me가 돌고

온 곳으로 돌아가야지
오늘 안되면 내일 될 줄 알았지
그러기를 오늘 안되는 것은 내일도 안 되고
죽었다 깨어나도 안되고, 서울에서는
꿈은 이루는 게 아니라
꿈은 지키는 것이지.

한성부 중부 관아 터 표지석 위로 낙엽 한 장
틱! 바늘이 튄다

승강장 광고판에 여자와 남자의 얼굴에는
흰 천이 감겨 있다 여자가 남자의 귀에 대고 속삭인다
'호랑나비가 죽어가요'

죽어가는 호랑나비를 서울 사람들은 보러 갈 것이고 나는
죽어가는 호랑나비를 보러 가지 못할 것이다

'내일의 신청곡' 빨강통*에 제목을 쓴 쪽지를 밀어 넣는다

*종로4가 서울레코드에는 빨강통에 사연과 신청곡을 써서 넣으면 다음 날 저녁에 문을 닫은 서울레코트 앞에서 음악을 들을 수 있다

돌 맞은 이야기

키보드에 돌을 쓰려다 잘못 눌러 쓴 〈돚〉
읽어보니 숨이 차네
너도 돚 하고 말 해 봐
부드럽지? 그렇다고 방심하면 안 돼
때로 믿었던 돌도
뒤통수를 갈기기도 하거든
돌, 돌 하다 보니 한 사람이 떠오르네
돌이 말을 한다고 우기는 애인의
눈 속에는 늘 낯선 것들로 일렁거렸어
들어봐 돌이 하는 말
자갈밭이 자그락자그락
공룡이 살았던 이야기를 하는 거야
은하수를 흐르다 떨어진 까만 돌에는
달의 무늬가 있어 유난히 반짝거리지
태양을 떨어뜨리는 법을 알고 있다고 나를 꼬셨어
수평선에 돌을 조준해 당기면 백발백중
그치만 섣불리 쐈다간 태양을

영영 놓치게 되거든
칠억 년 된 규화목 돌멩이여야 효력이 있지
늘 태양을 향해 주먹질하던 그 사람을
난 사랑하지 않을 수 없었거든
가난 때문에 늘 들썩거렸지만 태양이 없는
어둠의 세상이 오면 행복하게 해줄 수 있다고
암튼 난 칠억 년짜리 규화목 돌멩이를 찾기만 기도했어
돌의 둥지는 바람, 부서지는 순간에도 꿈을 꾸는 거라 돌들은
한곳에 머물지를 않지
돌에도 귀가 달렸어
하나씩 쌓아놓는 돌탑도 무너지는 건 네 기도가
진실하지 못한 거라며 말없이 떠난 여름은
아무런 사건이 생기지 않고 끝나버렸지
물수제비를 잘 떴어
던진 돌이 물 위에 탁구공처럼 통통통
뛰어가잖아 나도 덩달아 통통 뛰었지

그때는 그게 멋있었는데, 그 사람
어떤 여자와 잘 먹고 잘 놀거든
그 여자도 돌팔매에 넘어갔겠지
흥
괜히 돌을 썼네

허공에게 먹이 주는 남자

허공에게 먹이를 줄 때는
갈매기에게 먹이를 던져줄 때의 자세를 취하면 된다
손목에 힘을 주고 어깨는 뒤로 젖힌다
하루에 한 번 먹이를 주는 시간은
어둠이 가시고 인간의 살갗이 서서히 흰빛을 되찾기 시작하는
새벽 4시경에 적당하다

허공은 낮보다 밤에 내게 바짝 붙어온다 그때 지상의 모든 자연이 줄어든다 인간들은 눈치를 채지 못한다. 예를 들어 강물, 산, 새싹, 이슬…등을 먹는다. 그런데 허공이 제일 좋아하는 먹이는 새우깡이다 배에서 던져주는 것을 받아먹다 보니 식성이 바뀐 것이다 사람들은 새에게는 먹이를 주는데 허공에게는 먹이를 주려고 하지 않는다 귀신에게까지도 고시래고시래하며 먹이를 던져주면서 말이다 허공에게도 간절한 마음까지는 바라지 않지만, 먹이를 주길 바란다

〉
 사람들은 자기가 허공이라는 것을 모르기 때문에 허공을 숭배하지 않는다

 허공이 부르는 비바람 소리는 죽은 사람들의 허밍이고
 사십구재가 되지 않은 영혼들의 중얼거림이다
 일곱 시의 서쪽 저녁은 붉은 밀림으로 우거진 관념의 방
 저것 봐, 저것 봐
 손가락으로 가리키는 사람들의 몸속으로 붉은 고독이 흐르고 있다

 오늘도 난 허공의 목덜미를 만져주고 있다 허공이 가르릉거린다.

물 위의 빈집

이제 충돌할 것 없다
난간을 잃은 뱃머리
군데군데 자란 버섯못
정박한 배에 일곱 시가 켜진다

필라멘트 끊긴 항해등에 빛이 들고
풍향계는 늙은 귀로 덜커덕덜커덕 파도를 읽는다
낮은 선실 밑
피가 돌지 않는 전선은 스파크 일던 그날처럼 얽혀 있다

빳빳이 날 세운 펄럭이는 풀 한 포기
내려앉은 모든 것들의 버팀목이다
갑판 찌그러진 통발에 아침 햇살이 잡혀 들썩거리고
바람은 깨진 유리창을 들락거린다.

빈집은 빈집이 되고부터 녹슨 시간을 밖으로 퍼냈던가
卍 자로 금이 간 사이마다 아침 햇살이 깁고 있다

삐걱 삐이걱 낮은 휘파람 소리

선실 벽시계는 언제나 7시
담배를 붙여 물던 그을린 팔뚝은 어디로 갔는가
뒤집힌 구두 한 짝이 소라껍질처럼 선실에 뒹굴고

비를 피해 다녀간 새 발자국이 어지럽다
쇠말뚝에 묶인 닻처럼 가라앉은 그림자들
먼 수평선에서 달려온 파도가
자꾸만 빈집을 두드린다

"편지요, 편지,"

봄, 익스프레스

바람 팽팽한 날
신대방동 버짐 샛길로 묵은 봄 싣고
가릉가릉 1.5톤 용달차 달려오네
앞좌석에 앉은 노부부
희나리진 얼굴 위로 벚꽃 휘날리는데
서로 부딪치어
그냥저냥 더 깨질 것도 없는
저 지는 봄 송이 좀 보소
뿌리 불거진 주름살 손 꼭 붙잡고
언제 아랫목 한번 탐한 적 있었던가
그저 시린 윗목에서 굳은살 박이도록
허드렛일 궁시렁 한번 해본 적 없던 일평생
풀었다 쌓다 헐거워진 고샅길
단스 서랍 열리고 닫히는 옹이 속
꽃샘잎샘에 아차! 얼어버린 삶의 고랭지
꾹꾹 눌러 밟은 풋보리 누렇게
빛바랜 시절도 묶여 있겠네

테이프로 박은 깨진 거울 사이
오글오글 봄빛 스며드는 봄에는
봄에는 말여, 손 없는 날 꼽지 않아도
아무 때고 저승으로 옮겨가도 좋제
설 지난 쑥떡에 곰팡이 핀 봄 언덕 어디
전입한 주소에 새순 돋듯
늘그막에 또 물오르겠다

딱딱소리새

동네에 새 소리로 울던 아이가 있었어
비 내리는 날 태평극장 개구멍으로
그 아이를 따라 들어갔어
후레쉬민트 냄새를 풍기는 어둠 속
그곳은 새들의 집단 서식처였지

따닥따닥따닥

대사보다 새의 울음소리가 지금도 기억에 남아 있어
딱딱 새로 우는 아이의 모습이 멋졌어
대방교 밑 동굴에 살던 단물이 다 빠져버린 얼굴
학교를 다니지 않는 아이는 운동장에서
내가 파할 때까지 기다렸다가 딱딱딱딱 새를 날리고 있었어
　울음소리로 표정을 읽을 수 있었지

우화를 꿈꾸던 아이, 기껏
코언저리를 벗어나지 못해 파닥였지만
찢어진 움막 틈으로 별을 좋아하던 그 아이
별자리 따라 훅 어디론가 날아가 버렸어

씹어야 우는 새

난 가끔 새가 되고 싶으면 영화관에 갔어
그 아이는
생의 밑바닥 어디에든 들러붙어
아직 살아 있을지
세상 어느 의자에 붙었다가
이런! 재수 없게 껌 붙었네
껌처럼 씹히고 말았을지, 슬슬 궁금해지는
비 내리는 오후
딱딱딱
텅 빈 사무실에 고이는 새 울음소리

베스트셀러 읽어 보세요

  손을 대지 않아도 바람이 넘겨주는 책장
  시속 60에서 머들령 터널 지나고 나면 시속 80으로 넘겨주는 데요
  덜커덩 넘어가는 깊은 하늘 속으로 기러기 한 마리 날아가는
  삽화 한 장 펄럭이네요
  가로, 세로, 글자들, 무덤 같은 괄호는 빨간 밑줄 그으며
  산을 읽을 때는 세로로 읽어야 해요
  돌로 눌러두지 못한 산의 기억들이 골짜기를 열고
  눈포단 밑으로 흐르는 도정搗精의 물소리
  투명한 맨발로 온산을 졸졸졸졸 날아다녀요
  태양이 산 그림자 지우고 내려오는 아침
  청국장 냄새 굴뚝마다 진동하는 산내마을 이야기 속에
  '끼니는 잘 챙겨 뭉냐' 어머님 음성에 울컥 빠지다 보면
  어느새 목적지에 닿습니다
  노면 고르지 못함 고인 물 튐 과속방지턱

읽어가다 다시 떠오르는 문장,
우좌로 이중 굽은 도로표지는 굽은 길 오를 때
급하게 먹은 마음일랑 한 번쯤 쉬었다 가는 바람의 길
가끔 반사경에서 튀어나온 트럭이 책장을 휙 넘길 때
눈으로 꼭 밟고 있어야 해요 잠깐 한눈을 파는 사이
계절을 꿀꺽 삼켜버리거든요
걱정하지 마세요. 인생은 짜여진 목차처럼
안개가 가라앉으면 길섶으로 봄은 되돌아와요
지금 읽고 있는 농공단지에 눈이 내리네요
숫눈 쌓인 캄캄한 이면을 침 발라 얼른 넘기면
까만 유리창에 비친 남자와 여자가 주고받은 대화 속에
나도 하마터면 길을 잃을 뻔했거든요
산다는 게 좀 슬프지도 않으면 재미있겠어요?
그만 졸다, 잘못 내려온 길을 되짚어갑니다
헤드라이트에 살아나는 17번 국도,
먼 우주에서 내려온
황금오리알, 별자리가 뜨는 밤

책갈피로 그믐달 끼워놓고
읽다 만 책을 덮습니다, 밤새도록
달이 책 속에서 자라네요

3부

지상의 밤에

지상의 밤에

 은유를 전당포에 맡겼다 은유를 찾을 수 있는 기한은 26일 남았다 아직 색깔은 충분하다 토요일에 샴푸가 떨어져 세숫비누와 남은 린스로 머리를 감았다 서랍을 뒤져서 소금을 찾았다 다행히 고무줄에 칭칭 감겨 있는 소금은 넉넉하다 당분간은 치약이 떨어져도 걱정이 없을 것 같다 은유는 찾을 수 있을까 텔레비전 위에 여러 장의 납부고지서는 장식처럼 올려져 있고 그 옆에 유통기한이 지난 성경책은 한 번도 그 자리를 바꾼 적이 없다 은유가 없는 지금은 11시 반이다 지금은 밤 11시 반이다 아니다 지금은 낮 11시 반이다 어제의 11시 반 내일의 11시 반 그끄제의 11시 반 언제의 11시 반이었든 상관없다 아니다 상관이 있을 것이다 밤은 죽음을 위해 필요한 효모다 부글부글 괴어오르는 별빛, 밤을 숭배하는 저녁 새들이 몰려오고 있다 그런데 왜 오늘따라 별들은 빛나는가, 결국 은유는 찾지 못할 것이다 밖에서 누가 문을 두드린다 아니다 아무 소리도 들리지 않는다 냉장고에서 물을 꺼내 컵에 따라 마실 때까지도 아무 소리가 들리지 않았다 아니다 아무 소리도 듣고 싶지 않은 것이다 똑똑똑, 집이 나에게 노크를 한다 밤이 점점 휘어지고 있다 어둠이 그치고 새벽은 어디쯤에 오고 있을까 너무 밖에 두어서 외형이 구겨진 밤하늘이 빨대가 꽂혀진 채 버려져 있다 아, 은유를 찾고 싶다 지금 내가 쓰고 있는 글은 누가 쓰고 있는가 창밖 저편으로 날개 없는 검은 새들이 날아가고 있다

소월에게
―소월의 「차안서선생 삼수갑산운」을 다시 읽으며

… 쇄골 밑에 새긴 검은 초승달 타투가 오래 머물지 못하고 왼쪽 젖가슴 부근으로 내려와 단단한 게 손에 만져지고부터 몸은 조금씩 어두워지고 있다. 청춘이라는 차가운 거울에 손바닥을 대면 열기로 손자국이 찍혀 구워졌던 당신의 문장들, 대부분 계절이 없어 촉촉했던가요 당신의 이름을 조금씩 떼어내 내 안에 넣고 반죽하여 구워낸 시어의 도화선들, 이제는 나를 충동할 두견새가 없다

어룽어룽 검어지는 몸, 나는 아득하고 창백한 적요로 오는 굴절된 감정들의 전향을 거부한다 마침표이면서 반성을 모르는 흰 국화를 선택할 것이고 한 철의 운명은 버릴 것이다 완벽한 실패에 대한 확신은 없다고 쓴다

다시는 돌아오질 못할 당신의 시혼詩魂, 첩첩 삼수갑산 잔각棧閣에 아스라이 걸린 문장들이 비쳐오는 석양에 물들고, 내 정신의 울돌목에 스치는 소용돌이에 몸이 깨어난다

언젠가는 나올 내 시집의 봉분에 올라앉아 시집의 이름을 부르며 하얗게 흔들 초혼이여 영원한 불귀의 나라 삼수갑산 관념의 숲에서 나오라고 손을 흔들 것이다 당신이 두고 간 잠잠한 문장들을 꺼내 들고 등불 밑에서 묵독하는 시절이나, 언젠가 원주 시외 터미널 개찰구에 앉아 있는 나와는 무관하지만 그 임신을 했던 여자의 안부처럼, 빵집에 깜박 잊고 두고 온 우산처럼 아하하하 당신의 호흡으로 숨을 쉽니다

목신의 오후

하늘과 지상의 저쪽
31쪽부터 48쪽까지 사라졌다

책갈피를 찢어낸 자리에 피리 소리 들린다 물소리 들린다
수정들이 매달린 웃음소리 따라 그늘이 우거진 숲으로 들어간다
흑갈색 태양의 즙이 뚝뚝 떨어지는 잎사귀 밑으로
보일 듯 말 듯 한 비너스의 몸,
알아들을 수 없는 바람의 말과
나무들의 은밀하고 격앙된 숨소리와 발자국 소리,
보이는 것과 보이지 않는 것들의 사이에 아른거리는 숲으로

나무는 나무를 보고 있는
그 나무를 보고
그 나무는 나무를 보고 있는 그,

그러나 그 나무를 보고 있지 않는 오후

절정은 끝내 무르익어서
잇몸에서 피가 날 때까지
나무들의 들과 산의 시간을 씹으며
창백한 어둠을 우거 씹으며
어둠으로 깃든 적막한 공포의 숲속
그래그래
포도를 빨아 먹고 빈 껍질을 여름 하늘에 비쳐 들고
투명한 살 껍질에 숨을 불어넣으며* 혼미해진 정신에
나무의 오후를 찢어간 그대,
오른손과 왼손의 잘못을 용서한다

 서가와 서가의 위태로운 골짜기를 지나 빈 의자들을 지나
 숨소리를 지나
 정숙한 무덤을 걸어 나온 나는

손상된 마그네틱 띠를 통과한다

이젠 도서관에는
일곱 장의 목신의 오후가 없다

* 말라르메의 목신의 오후에서 발췌

딸기쨈

　무안에서 생긴 일이었는데요. 그때 나와 남편은 동갑내기 열아홉 살이었어요. 나는 사랑의 도피라고 말하고 싶은데요, 그것은 탈선이라고 그러데요. 아무튼 요리사인 그이는 식당에서 일을 했고요. 나는 아이를 가져서 한참 입덧이 심했어요. 우리 말고도 여러 살림이 세 들어 살던 집 앞마당에는 마늘밭이 있었는데 오월이라 한창 자라는 마늘 냄새 때문에 자꾸 헛구역질을 했어요 매워지기 위해 가져야 했던 마늘꽃 냄새는 시체 썩은 냄새 같았어요. 무성하게 자란 마늘밭은 주인에게는 좋았으나 병아리들에게는 치명적인 학살의 장소였어요. 주인은 병아리가 한 마리씩 없어지는 이유를 알았는데요. 도둑고양이 놈이 낮은 포복으로 숨어 있다, 병아리가 들어오면 잡아먹었다잖아요. 마늘밭 여기저기 병아리 털이 날아다닌 걸 보니 정말인가 봐요 그날 이후로 고양이만 보면 미워죽겠다니까요 입덧이 심해서 자꾸 투정만 부리는데도 남편은 내가 뭘 먹고 싶다는 말만 하면 자다가도 일어나 사러 나갔는데요. 살면서 한 번도 선물이라고는 받아 본 적이 없었는데요 그때 받았던 관심이 아마 평생 받을 선물이 아니었나 생각이 듭니다. 갑자기 딸기가 먹고 싶다고 직장에 전화했었죠. 쏜살같이 달려온 남편의 손에는 상자가 들려 있었어요. 상자 안에는 딸기가 가득 들어 있었어요. 근데 그 많은 딸기를 그냥 공짜로 가져왔다는 거예요. 공짜치고는 딸기가 엄청 달고 싱싱했어요. 배가 터지도록 딸기를 먹었어요. 시장에서 딸기를 공짜로 준다고 해서 다음 날 시장에 나섰는데 트럭에 탄 남자들이 깃발을 들고 구호를 외치며 지나가고 있었어요. 확성기가 웅웅거려서 무슨 말을 하는지는 잘 들리지 않았어요. 웅성대는 사람들 틈을 지나 시장 안쪽으로 들어서자 딸기가 여기저기 흩어져 있고 어떤 것들은 이미 짓물러져 땅바닥에도 굴러다녔어요. 과일 가게 앞에서 여자들이 딸기를 골라 비닐에 담더라고요 그냥 가져가도 된다면서요. 광주로 출하를 못했기 때문에 딸기가 남아돈 것이었어요. 내가 아는 여자가 빨리 담으라고 나를 보고 재촉을 했어요. 가져온 딸기는 딸기잼을 만들었

죠. 그날은 딸기쨈 냄새가 며칠째 이집 저집에서 계속 넘어왔어요. 그해 봄은 온통 짓뭉개진 딸기들뿐이었어요.

바늘

내 안에 나무를 심을 만한 터가 있다고 믿으시나요

낮-은 호수--- 옆으로 이팝나무가- 자라고 그곳에는--- 새소리가 끊이지- 않은 곳이 있습니다 -- 레이지데이지스티치 쌀꽃이 하나씩 피어날 때마다 도안에도 없는 바람이 불어오고 꽃의 문이 -- 열릴-때---까지 건너오지 못한 강둑의 시간들이 ---- 모여 우는 강기슭으로 --- 바-늘구멍-난 -- 자국마다 자글자글 -- 봄이 솟아오르고 산을 품으며 시간을 품으며 -- 새틴스티치 춤을 추는 나비 한 마리 두 마리 -- 선을 따라 돌아나는 --

램프웨이를 따라 돌아오는 밤의 시간들, 저쪽에서 이쪽으로 바늘에 실이 꿰인 듯 경적들이 검은 린넨 위에 LED 불빛으로 반짝거리는 불야성, 그 도시 뒷골목에 수만 개의 불빛의 매듭들이 엉키고 설킨 저녁입니다

토리에 감긴 달빛이 풀리는 동안
사방을 둘러보아도 핏기 없는 바람의 그림자뿐
페넬로페의 몸을 스쳐 간 계절의 자국들
수틀 밑에 아득한 정절의 정신이 팽팽하게 시들어갑니다
꽃이 피는 방향과 연두의 방향에 대한 비밀을
이젠 아무도 알고 싶어 하지 않습니다만
바늘꽂이에 선 채로 죽어가고 있는 나에게
당신은 아직도 내 안에 나무를 심을 만한 터가 있다고 믿으시나요

허공, 그 지겨운 사물에 대하여

누가 그랬어, 원래는 허공이라는 말을 가지고 있기 전에
그것은 계절마다 허물을 벗었다고 해 허물이 바람에 날아가 메뚜기가 되었다지
신에게 접근할 수 있는 초월적인 힘을 가지고 있는 그것은
미래를 완전히 탕진하고부터
허공이
허공이 될 수 있었다나 뭐라나 그랬어

비가 올 때 미끌거리는 허공에 혀를 대봐
한참이 지나면 혀끝에 침만 질질 떨어지고 아무 맛도 느낄 수 없어
그것은 허공이라서 그래
부위마다 맛이 다른 허공의 질감은 다르다는 걸 알고 있나?
주로 새들이 다니는 길은 구멍이 뚫려 거칠거칠해

그 구멍으로 허공은 생각을 한다네
창가에 앉아 머리를 빗는 여자를 생각하고
부메랑을 던지는 남자들을 생각하고
생각하고, 생각하고, 허공은 원래 그러는 거야
풍경의 생각이 끝나면 까만 레이스를 입고 돌아앉지

외부와 내부가 너무 단단히 붙어 있어 쉽게 까지지 않고
속은 무슨 색인지 당연히 모르지 그런데 습기가 많은 날이면
바닥으로 잿빛비린내가 흘러나왔어
분명히 안으로 들어가는 통로가 분명히 어딘가에 있을 거야
가끔 공간이 꼼지락거릴 때마다 계절이 바뀌었으니까
그 계절이 퍼뜨리고 간 색상들은 락스로도 지워지지 않아서
얼룩이 묻은 채 메일로 전송한 적이 있었어

〉
너무 오래되어서 빛이 바랜 허공은
이젠 뭔가 보여 줄 때가 되지 않았나 싶어

집

집이 나를 쫓아냈다
밖이 더 따뜻하다

구석

빛과 어둠의 생식기다

양성으로 나타난 붉은 방의 조명에서
몽상을 내포하지 않은 구석은 상상할 수 없다

안쪽부터 무너지기 쉬운 광장
가지가 휘어지도록 사과를 달고 있는 사과나무처럼
구석을 매달고 있어야 광장이 지탱한다
잠깐 오늘을 맡겨두어야 할 코인 락커도
벗겨도 구석만 까지는 양파도
울어도 구석만 까지는 파도도
가로의 구석 세로의 구석 사선의 구석 원의 구석으로
사물은 태어나고 죽고
라이벌도 없고 호기심도 없는
기댈 데가 없는 막막한 구석
구석에 길든 이미 갈 데까지 와버린
그래서 구석일 수 있는 구석

미래도 현재도 과거도 존재하지 않는 어둠이지만
어둠은 쉴 새 없이 안달하게 한다
벽지에 규칙적인 꽃들의 반복뿐 생계 저쪽에 불멸하는
삶은 나태한 연결무늬로 축축한 곰팡내 나는 생식기

주공 아파트 506호
어안렌즈에 썩은 냄새가 가득 차 있다
생의 구석에서 ㄱ자로 죽어
두 달이 넘어 발견된
독거노인

詩,

저 춤추며 떨어지는 벚꽃의
간지러운 흘림은
따끔거리는 광택

시를 한편씩 완성할 때마다
전기세가 밀리고 임대료가 밀리고 관리비가 밀리고 가스비가 밀리고
아침이 밀리고 청춘이 밀리고

어둠 속 끝없이 윙윙대는 별들의 날갯짓

사각의 벽이 서서히 조여오고 숨 쉴 공기도 줄어들고
책들의 무덤
해약 경고의 불빛이 진물처럼 흘러내려
손과 몸이 찐득찐득
눈물은 엊저녁까지 마지막 잉크로 다 써버렸다
아직 마르지 않고 습기 찬 언어들

신들은 이미 떠난 지 오래고
창백했던 어둠도 조금씩 윤곽이 허물어지고
형상화된 주황색 줄무늬 바다가
까발려진다
유리창의 해묵은 신실과
바람 불지 않는 날의 깃발의 묵상과
무형의 목소리

여인은 완성되었다*

오렌지빛 커튼이 내려진 밤
침대 모서리에 걸터앉은 그녀는 얼굴이 없습니다
하얗게 타버린 얼굴
내 머리카락이 없어지면서 그녀의 머리카락이 많아집니다
내 동공이 그녀의 눈에 옮겨지면서부터
나는 불연속적이고 반복적인 언어들을 읽을 수가 있습니다
그녀가 내 입술을 사용하고부터
생략 부호 속에 들어있는 계절을 말할 수 있습니다
생각의 시작이 어디서부터 와서 어디로 흘러가는지
실비아 플라스
실비아 플라스
혀가 없는 내 입 안에 침이 고입니다

책상에 앉아 있고 그대로 의자만 뺄 때
어둠이 어둠으로 전이된 발원지를 생각하고

목 티셔츠를 목에 끼운 채 옷만 뺄 때
여왕벌이 된 딸은 아버지와 결혼하고
머리를 가스레인지에 처박고 엎드렸을 때
여인은 완성되었다

그녀가 사용하다 두고 간
아직 태어나지 않은 사물들의 이름과
아직 태어나지 않은 금기의 이름과
이미 오래전에 태어났던 분노의 이름들
은유의 통로에 앉아
어둡고 무거운 1963년의 슬픈 음성모음들을
지금 나는 소리 내어 읽고 있습니다

*실비아 플라스 시집에서

빈방

거울 속에서 초록색 고양이가 튀어나온다 테이블에 사뿐히 앉는다 테이블 위에 접시가 있고 접시 위에는 쪼개진 사과가 있고 사과에 포크가 꽂혀 있다 고양이는 사과에 관심이 없다 사과 껍질이 있는 싱크대 위 비닐에 담겨 있고 그 옆에는 나이프가 있고 행주가 조금 구겨진 채 있다 의자 등받이에 노란 린넨옷이 걸쳐져 있다 의자는 사람이 일어서 나갈 때처럼 테이블에서 약간 뒤로 물러나 세 시 방향으로 틀어져 있다 고양이가 의자로 가볍게 뛰어내리자 등받이에 걸린 옷이 바닥으로 툭 떨어진다 사과를 핥고 있던 햇살이 놀란 통에 사과 향이 허공에 먼지처럼 흩어진다 향기와 향기가 떠돌다 서로의 머리를 박고 큐 당구공처럼 서로의 머리에 부딪혀 튕긴다 그것을 유심히 보고 있던 고양이가 향기를 향해 앞발을 휙 뻗어 내리친다 그 진동으로 향기들은 빙글빙글 맴돈다 접시에 담긴 사과는 점점 짙은 갈색으로 변해가고 있다 거울은 계속 생각에 빠져 있다 햇빛의 길이가 짧아지면서 커튼의 색도 달라지고 있다 방 안은 소리를 낮춘 볼륨처럼 어둠이 더 깊어진다 창문에 새들이 휙 지나가고 밖에서 주인의 목소리가 들어온다 초록색 고양이가 거울 속으로 튀어 들어가고 모든 것들이 사라진다

네루다를 기다리는 동안

그리고 우울한 목소리를 없애는 데 도움을 주었다

네루다에 관한 발제를 맡았지만
칠레의 숲을 프레젠테이션에는 옮길 수 없었다
차가운 초록색 눈에 맺힌 예순 개의 눈물방울이 우수수 떨어지는
포식한 위처럼 생긴 남아메리카를 돌아다녔다

그러나 번역된 그의 시에는
아메리카가의 붉은 흙내가 없었고
남태평양의 바람 소리가 없었고
테무친의 빗소리가 없었다

입에서 입으로 건너오면서 사라졌던
말발굽 소리와
관념의 탱고와
바람에 굶주린 깃발 같은 군중들의

새득새득 말라갔던 함성소리와
슬픈 피로 살찐 언어들의
사랑과 망명과 투쟁의 음절들 사이로 들려오는
인디오의 숨결
라울리나무처럼 서 있는 외로운 촛대

읽으면 읽을수록
황량한 고독이 꽉 차오른다
목적 없이 다가오는 수요일에서 수요일까지
달력에 내버려 둔 우중충한 날짜들이 시들어버렸다

네루다를 기다리는 동안
구멍이 커져서 화병에 빠져버린 시든 장미처럼
나는 지금 캄캄한 우주 밖에서 떠돌고 있다

우아한 시체놀이

정신병동 201호실 창가에 서서
햇살처럼 환한 말들을 뱉어낸다

밤새도록
뱉은 말의 흔적이 안개처럼 산록을 몰려다니고
예기치 못한

축축한 혀끝에 전구처럼 켜진다
반짝인다

입가에 흘러나온 자음과 모음들, 달의 초성과 태양의 중성들

한 움큼의 바다 바다에 물방울을 한 알씩 심으며
싹 틔우기를 바라는 바다가

사물들 사이를 거닐면 저 말들

겨울 텅 빈 골짜기로 돌아올 수 있을까

길을 잃기 위해

봄은 지그시 꽃들을 터트린다 수백 장의 낮과
수천 장의 밤

수만 장의 바람을 필사하는 댓잎들 칸칸마다 검은 달
빛이 들어차고
삼나무 가지로 얻어맞아 슬픔이 사라진
아무렇게 쓴 시들이 흔들리는 동안

태양은 완료되고 밤이 충분하다

여기가 내 마지막 노래

4부

Itaewon과 곰팡이꽃 풀 옵션

지퍼

고장 난 지퍼 때문에

통째로 옷을 버려야 할 것이다

쇠에서 생긴 녹이 점점 그 쇠를 먹듯이

너니까 눈물인 거야 – 어디서부터 꼬였는지 모르겠거든

목까지 채워주는 사랑과
서로의 몫

살다 보면
자칫 끼일 수도 있을 것이다

초로 쓱쓱 문질러 보면서

서로 맞물려야 올라가는 지퍼다

부서진 오아시스*

 스무 개의 젖꼭지를 가진 여자를 나는 알고 있어 물만 먹고 사는 시한부 인생인 그녀, 썩는 것보다 더 두려운 건 부서지는 거였어 그녀에게 달라붙어 젖을 빨고 있는 한 아름의 꽃, 그녀는 몸에 묻어나는 이슬의 냄새며 바람의 무늬를 보고 내일쯤은 비가 오리라는 것을 알아, 톱밥과 모래로 태어난 몸뚱어리 구멍 뚫어 자신의 젖을 남김없이 주는 게 그녀의 소망이었어

 "거기 누구 없어요 이름 없는 풀꽃이라도 괜찮아요 나는 아직 젖이 남아 있어요"

 골목을 지나다 들었어 쓰레기통에 부서진 오아시스가 울고 있었어 세상에서 가장 목마른 이름이 오아시스였어

 *모래와 톱밥으로 만든 수반 이름

거기에 컵 홀더

아직 저녁은 반 만 왔는데

기차 소리는 보이지 않았다. 강아지풀은 다정하게 흔들렸다. 닫혔던
열십자의 창문을 보여주었다. 잉글랜드. 는

붉은 음들이 꾸들꾸들한 이름으로 반죽하여 발톱을 오므렸다 펼쳤다.
뚜 뚜 뚜
웨일스. 는

하얀 해변도로에 칡이 세워진 초록 고장의 이름
헤드라인 불빛에 살아났다 사라지는 아일랜드. 는

타라, 아무리 상관없는 일이지만
금일은 태양이 내려와 휴업했으니
스코틀랜드. 는 사과와 식초 사이의 엑스자 생각처럼

시디시고 시시하고 시디시다.

달.
알파벳 순으로 떠오르는 달빛, 그 고옥한 촌충 같은 발음으로
해변의 옆구리를 간지럽혀도
각각의 섬은 잘 뜨겁거나 잘 차거나 그랬으므로
달은 하나여서
국숫가락처럼 긴 달을 한 방울 떨어뜨렸다.
네 나라의 국기가 그려진
각각 컵 홀더 네 개의 보고서를 기록했다.

ps: 11행에 시시하고를 잘못썼다. '독립하고'로 바꾸겠다.

아직 저녁의 반은 오지 않았다. 그래서 밤은 완벽했다.

삼일극장

먼지 낀 거울을 쓱 문질러본다
'祝 대표 김상원 전화 2-3475'

스크린에 빗물 흐르고
ㄴ자로 기울어진 출입문이 삐걱인다
빽빽이 들어찬 사람들을 비집고 서서 영화를 본다
어둠을 더듬는 영사기 빛같이
등 뒤에서 더듬거리며 감겨오던 숨소리
다리 떨려 밖으로 나올 수도 없었던
오래전 그 숨소리

한때 성황의 끗발 자랑이라도 하듯
열세 개의 변기통 비닐 수의에 쌓여
미라같이 칭칭 묶여 있다
70년대 열광을 받아내던 오줌통
휘파람 소리, 학창 시절 훔쳐보며 얼쩡댄
구석구석 삭은 내 나는 삼일극장

머잖아 고속철 공사로 철거될 극장이지만
시위하듯 미동도 않는 의자들
드문드문 박쥐가 웅크리고 앉아 밤을 기다린다

'용변 후 물을 부으시오'
두어 번 더 부어도 내려가지 않는 붉은 명언들
페인트로 벽을 지워 그 은밀한 낙서는 사라지고
새로운 낙서가 등장했다
'신장 팝니다'

후— 불면 먼지를 일으키며 사라져 버릴 것은 샹들리에 극장
 가장 오래 붙어 있는 포스터는
 나프탈렌같이 걸려 있는 매표원 할머니
 마지막 손님이라고
 따라 나오며 손을 흔든다

꽃과 파스

꽃집 문을 들어선다
파스 냄새 은은하다
그녀의 드라이플라워 같은 마른 입술에
가짓빛 피멍 몇 송이 또 피었다
소매 끝에 늘 파스가 붙어 있는 그녀는
두 개의 가슴은 남편과 자식에게 주어버리고
까맣게 그을은 유두를 가진
아무도 모르는 곳에
자기만의 가슴을 숨기고
자기에게 젖 주는
가슴이 셋 달린 그녀

스스로 분재가 된 남편은
엊저녁에도 술을 마셨나보다
술만 취하면 꽃을 쏟아 놓고 짓밟는 남편을
죽죽 훑어내듯 맨손으로 장미 가시를 훑어낸다

덜 뭉개진 장미 몇 송이 골라 덤으로 얹어주며
수화로 말을 붙인다
빠른 손놀림이 물안개 같다
가슴에도 파스 붙이는 그녀

남부민동 684번지에 채석강이 흐른다

썰물 가득 찬 지하 밑바닥
밤마다 문틈사이로
낮은 해조음 소리 흘러나오는 방
옷걸이보다 높은 짐 하나 없던 이삿짐 트럭에
채석강만 가득 싣고 옮겨오던 날
노을빛에 어른대는 뒷모습만 붉었을 뿐
가끔 비 오는 날이면 계단에 인기척 같은
물 발자국 말고는 방주인은 본 적이 없다
그 방문을 지날 때마다 바다 냄새가 난다
새로 생긴 해안선으로
새로 생긴 구름 깔린 해변에
너럭바위 장판 뼁 둘러 비스듬히 쌓아 올린
얇고 두꺼운 책 사이로 물거품 인다
삶의 침식으로 닳아
층층 마디마다 짠물에 얼룩진 책갈피
청춘의 갯내음만 가득 찬 방
햇살 실금도 못 들어오는 벽 틈으로

빗물이 들고

깨진 별이 들고

밤마다 해안선 속으로 빠져드는 기도 소리

비둘기와 튀밥 할머니

충무동 우체국을 지날 때마다
내 몸이 자꾸 부풀어진다
우체국 모서리 난전에
세월에 튀겨진 할머니
삼백예순날 빗방울도
탱글탱글 불려서 튀밥을 팔고 있다
주둥이를 꽁꽁 묶어놓지 않았는지
며칠 전보다 더 눅눅해져 있다
모서리 같은 세모도 튀기면 둥긋해지는
부풋한 세월을 팔면서
심심하게 던져주는 튀밥 알들
미세한 바람에도 와행으로 날리고
비둘기 몇 마리 그 속에 날아든다
우체국 앞 살피꽃밭
동백꽃 묶여진 통 입술 붉게 풀리는 이른 새벽
누군가 묶여진 횡단보도를 풀고 건너온다

잘 여문 씨앗 한 알 빨간 우체통 속에 밀어 넣고
펑, 귀를 막고 돌아선다

Q, 해성 오디션

막대 사탕 빤다고 우습게 보지 마
내가 빠는 건 태양 한 입 넣고 이리 저리 굴리다
꽉 깨물어 부셔 버리지 삼켜버리지
노마드족을 꿈꾸는 엄마와 코쿤족 아빠와
캥거루족인 형이 모여 사는 빽 없고 돈도 없고, 우리 집은 입만 네 개, 허풍X 증오X 폭력X 위선X
XX만 많은 가족을 믿겠어?
내가 믿는 건 춤과 내 손바닥에 새겨진 천상열차분야도
우주여행을 할 수 있는 티켓 한 장
나는 아직 열아홉 미성년자 출입금지 솟대에 앉아 태양풍 기다리지
까질라면 일찍 까져! 엄마는
벼랑으로 밀어내지만 엄마를 이해해
햇빛보다 비가 더 새는 축축한 내 방 좁은 다락은
맘껏 춤 출수 없어, 창문 열고 밤마다 북극성에
눈물을 풀어 로프, 던지지 물구나무로 삐걱삐걱 춤을 추며 오르지
뭉칠수록 단단해지는 솜사탕처럼 꿈은 단단해지고 성

대가 단단해지고

　아무리 낮은 천장이라도 꿈은 설 수 있어 난 멈출 수 없어 열네 번 떨어진

　오디션 내 춤을 막을 수 없어 지구 무대 밖으로 퉁겨오른

　허공을 걸어 새들의 길을 지나 황도를 지나, 울지 않고 말했어

　일곱별 주작에게 울지 않고 말했어 날개, 푸른빛 도는 꼬리날개

　단 한 번 마지막 빛, 춤추고 싶어 소리쳤어 외쳤어 뒹굴었어.

　햇빛에 나온 별처럼, 들키고 싶어 세상에 들키고 싶어

　무대 한 계단을 위한 내 열아홉은 긴 트랩이지 끝내 오른 열다섯 번째

　오디션, 닳고 닳아진 귀퉁이 둥글어진 몸 굴리지

　햇빛 스포트라이트 받고 싶어

　불러주지 않는 이름까지, Q, 해성

파전과 우산과 k의 기록

1.
사냥이나 전쟁처럼 피비린내 나는 놀이다
실체의 빛을 주기 위한 무익한 놀이다
오늘, 뜨겁고도 우울한 놀이가 끝났다
우리는 모여 소박한 주문을 한다
아저씨 파전 하나요
이때 말의 부정적 축복이 끼어든다 메말라진 정신을 표현하듯
촉촉한 방언으로 "막걸리도요" 추가 주문한다
뜨거운 번철 위에서 죽은 영혼의 심장들이 스스스 살아나는 저녁 아홉 시,
이쯤에서 한 번 뒤집어야지
우후! 눈물도 익어야 새들처럼 날아오른다
테두리가 자글거리도록 시간을 가져야 했어
둥근 파전 속에 예각과 둔각의 적의를 곤두세웠다

빗줄기는 더 빳빳해져 가고

길 건너 헤어샵에 수건을 둘러쓴 손님들이 앉아 중화제를 기다리고 있다

2.
잃어버렸거나 잃어버려야 할 시간의 관을 쓰고
어깨 위로 떨어진 빗방울을 쓸어준다
네 눈빛이 물에 가라앉은 돌멩이처럼 잔잔하다

3.
너와 헤어지고
비를 다르게 부른다
재치 있는 별명, 은밀한 살의, 멍, 얼룩무늬 방패, 훈제한 청어.
기껏해서, 사랑
원본은 사라졌다.

와온 속으로

하루도 거르지 않는 축제 루체비스타는 역겨워, 금요일 담배를 끄고 차를 돌렸어
시간의 사원 톨게이트 건너온 갯내 묻은 바람 순천만 가까워질수록
볼륨을 높이고 속도를 올렸어
30미터 전방에 과속방지턱 감속하세요
헤드라이트에 살아나는 해안도로 지날 때마다 헤어진 그녀가 누워 있었어
그녀를 짓밟고 넘어서는 그 충격의 아픔만큼 증오했던 여자
사이드미러에 죽어가는 여자를 싣고 나는 쇼바보다 더 덜컹거렸던 거야

갈맷빛 해안선에 불빛 꼬막들 길게 헛바닥 내밀어 밤하늘을 핥고 있어
갯벌을 밀고 나온 거무죽죽 뻘물 든 달빛 S자 모노레일을 타고 오는 달에

한눈파는 사이 눈앞에 나타난 과속방지턱 와온

벌거벗고 누워 있는 여자 허리선 역광으로 비친 도시의 불빛

눈으로 맨살을 더듬어 내리다가 울컥 엷은 안개 들추고 슬그머니 손을 넣었지

섰

거웃에 자란 갈대밭 밑으로 만져지는 딱딱한 음핵 같은 솔섬, 쯔르쯔르 프트트 프트트

우레 켜는 야생의 울음소리에 바짝 조여지는 구멍들

해금 내 나는 짭조롬한 하룻밤의 정사

해감은 소금물이어야 하듯 오랫동안 참았던 눈물을 토해냈지

목이 말랐어

옷을 입은 그녀는 태양 속으로 걸어 들어가고

아무리 불러도 물밑으로 사라지는 와온

내 등에 난 그녀의 손톱자국 따가웠어
밀물이
칠면초 빨간 손톱을 감추고 있는

으아리

가웃 나절 솔개 우는 아홉 사리 고갯길로
두릉 양지뜸 매골 구억골
이쁜 마을을 달고 시골 버스 지나간다
구름 발자국만 난
낡은 정류장 의자에 으아리꽃 피었다
그늘과 그늘 사이로 버스가 지나갈 때
뿌옇게 일어난 길이 정류장을 덮는다
느닷없이
여우비 우당 타당 여우가 시집가는 남쪽,
팔월의 하늘이 쏟아진다
부챗살로 모싯빛 바람 팔랑거리던
속살 환한 모시옷 새침한 여인
염병허네! 옷 배래부렸네
흙탕물 툴툴 털어낸다

Itaewon과 곰팡이꽃 풀 옵션

케밥 가게, 되네르에 꽂힌 양고기만큼 작아진 저녁 아홉 시가
이태원의 네온 불빛에 겉에서부터 익어가고 있다
거대한 빌딩 숲 뒤의 오르막길
쓰레기더미가 꽃처럼 피어 있는 빈민가
우사단길 노린내가 이삿짐 트럭 안으로 몰려온다
골목 끝에서 이삿짐을 풀었다
낡은 불빛, 꿉꿉한 냄새 진동하고 벽지에는 사진에 없는
곰팡이가 울긋불긋 피어 있다
지나가는 사람들의 발만 보이는 반지하
왼발은 지상에 오른발은 지하에 인생은 양다리인가
벽에서 떼어놓아야 하는 가구처럼
삶에서 꿈은 조금 떼어놓아야 할까
꿈을 위해 아직 늙지 못한 육십 대와
튕길수록 청춘이 흔들리는 피크에 사로잡힌 삼십 대에게는
한 점의 빛도 허락지 않는 어둠 속이

포자도 없는 꿈을 퍼뜨리기에 안성맞춤이다
누르면 튕겨날 듯한 희망과
눅눅한 장판 밑에서 서식하는
얼룩진 삶

그리 멀지 않는 곳에서 햇빛의 중얼거림이 들린다
당분간은 내버려 둘 것이다
매일 먹지에 눌러 쓴 타투의 눈물방울처럼
한 치의 오차도 없이 되짚어 오는
불안의 결로로 시간이 미끌거릴 테니까
곰팡이를 먹고 곰팡이를 바르며
곰팡이를 싸야 하는 서울살이
방세를떼먹고도망간이방인이벽지에갈겨쓴낙서위에
Fuck you
누운 자세로 손가락으로 글씨를 따라 쓴다
검은 천으로 히잡을 둘러쓴 이태원의 밤하늘
눈만 반짝이는

해설

세상 모든 가장자리를 위하여

고봉준(문학평론가)

1.

 예술은 우리의 삶에 어떤 영향을 끼칠까? 현대음악가 존 케이지가 작곡한 〈4분 33초〉는 이 물음에 대해 유력한 대답이라고 말할 수 있다. 흔히 이 곡에는 '전위'라는 수식어가 따라다닌다. 음악가들은 오랫동안 음악적인 소리[악음(樂音)]와 비(非)음악적인 소리[소음(騷音)]을 명확하게 구분해왔다. 이 구분에 따르면, 작곡을 한다는 것은 곧 도레미파 같은 '악음'을 일정한 방식으로 질서화하는 것이다. 하지만 '새로운 음악'을 찾고자 한 존 케이지는 그 가능성을 '악음'의 바깥에서 찾았다. 그는 일상적 생활공간에서 우연히 발생하는 다양한 소리를 음악의 재료로 전유함으로써 '우연성의 음악(Aleatory Music)'을 창안했는데, 정적이 흐르는 공연장에서 발생하는 다양한 현장의 소음을 이용하여 완성한 〈4

분 33초〉가 그 대표적인 사례였다고 말할 수 있다. '악음'과 '소음'의 전통적인 경계를 무너뜨렸다는 점에서 그가 전위적인 예술가임을 부정할 수는 없다. 하지만 〈4분 33초〉가 위대한 예술인 이유가 '악음'과 '소음'의 경계를 허물어뜨렸다는 사실만으로 설명되는 것은 아니다. 전문적인 연구자나 비평가들의 평가와는 별개로, 〈4분 33초〉가 위대한 예술은 이유는 그 작품이 '소리'에 대한 관객들의 감각을 완전히 바꿔놓았기 때문이다. 관객들은 〈4분 33초〉가 연주되는 동안 자신들이 생산하는 소리, 가령 누군가의 기침 소리, 관객들의 웅성임, 누군가가 무심코 떨어뜨린 물건이 내는 소음 등을 듣게 된다. 따라서 이러한 소리의 구체적 내용은 〈4번 33초〉가 연주될 때마다, 즉 장소와 관객이 바뀜에 따라 매번 달라진다. 흥미로운 것은 관객의 대부분이 공연장을 나오면서부터 마주하게 되는 다양한 소음들에 예민하게 반응하게 된다는 것, 〈4분 33초〉를 경험하기 이전에는 무가치한 소음으로 여겼던 다양한 소리에 이전과는 다르게 반응한다는 사실이다. 이처럼 존 케이지의 음악은 소리에 대한 우리의 감각을 완전히 바꿔놓는다. 이것은 〈4분 33초〉를 들은 이전과 이후로 확연하게 달라진다는 점에서 일종의 '사건'이라고 말할 수 있다.

2.

   음악가가 '소리'로 행하는 것을 시인은 '언어'로 행한다. 이때의 '언어'는 정보를 전달하거나 의미를 실어나르는 수단인 실용적 언어와는 다른 것이다. 거기에는 이미-항상 세계를 바라보는 시인의 태도, 대상-풍경을 경험적 층위에서 변주하는 이미지와 정서, 그리고 상투적인 생각과 감각을 뒤흔들어 놓는 사유의 깊이 등이 포함된다. 요컨대 시는 일상적 풍경에 대한 사실적 진술이나 재현이 아니라 그것을 바라보고 생각하는 새로운 감각 혹은 각도를 언어화함으로써 일상적 풍경을 낯선 풍경으로 바꿔내는 지점에서 비로소 시작되는 것이다. 모든 시에는 이러한 변형의 욕망/의지가 포함되어 있다고 말할 수 있는데, 하여진의 시편들 가운데 「바늘」은 이러한 특징이 명시적으로 드러나는 작품이다.

     내 안에 나무를 심을 만한 터가 있다고 믿으시나요

     낮-은 호수---옆으로 이팝나무가 - 자라고 그곳에는--- 새소리가 끊이지- 않은 곳이 있습니다 --
     레이지데이지스티치 쌀꽃이 하나씩 피어날 따마다

도안에도 없는 바람이 불어오고 꽃의 문이 -- 열릴 때---까지 건너오지 못한 강둑의 시간들이---- 모여 우는 강기슭으로--- 바-늘구멍-난-- 자국마다 자글자글 -- 봄이 솟아오르고 산을 품으며 시간을 품으며 -- 새틴스티치 춤을 추는 나비 한 마디 두 마리 -- 선을 따라 돋아나는 --

  램프웨이 따라 돌아오는 밤의 시간들, 저쪽에서 이쪽으로 바늘에 실이 꿰인 듯 경적들이 검은 린넨 위에 LED 불빛으로 반짝거리는 불야성, 그 도시 뒷골목에 수만 개의 불빛의 매듭들이 엉키고 설킨 저녁입니다

  토리에 감긴 달빛이 풀리는 동안
  사방을 둘러보아도 핏기 없는 바람의 그림자뿐
  페넬로페의 몸을 스쳐 간 계절의 자국들
  수틀 밑에 아득한 정절의 정신이 팽팽하게 시들어 갑니다
  꽃이 피는 방향과 연두의 방향에 대한 비밀을
  이젠 아무도 알고 싶어 하지 않습니다만
  바늘꽂이에 선 채로 죽어가고 있는 나에게
  당신은 아직도 내 안에 나무를 심을 만한 터가 있

다고 믿으시나요

―「바늘」 전문

　이 시는 '바늘'이라는 언어-기호를 모티프로 하여 제작된 한 폭의 모자이크/퀼트(quilt)이다. 시인은 '바늘'이라는 동일한 대상(또는 언어-기호)을 네 개의 이질적인 장면으로 변주하여 나란하게 제시함으로써 일상적 세계에서 '도구'로 간주되는 '바늘'에 대한 새로운 감각을 연출한다. 따라서 이 시를 구성하고 있는 네 개의 연은 각각 독립적인 맥락을 갖고 있으며, 거기에 등장하는 '바늘' 역시 언어-기호적인 층위에서는 동일하다고 말할 수 있으나 사실상 다른 '바늘들'이라고 이해해야 한다. 1연에는 '바늘'이 등장하지 않는다. 대신 '나'라는 발화 주체가 제시되는데, "내 안에 나무를 심을 만한 터가 있다고 믿으시나요"라는 진술로 미루어 짐작건대 '나'를 '바늘'이라고 읽어도 좋을 듯하다. 여기에서 '바늘'은 "나무를 심을 만한 터"를 갖고 있지 않은 대상으로 인식되는데, 이것은 '바늘'의 형태에서 기원하는 인식이라고 말할 수 있다. 한편 2연에서 '바늘구멍'이라는 시어가 등장하지만, 전체적으로 2연의 진술들은 계기적인 응집력이 떨어지고 발화로서의 완결성도 매우 낮다. 여기에서 시인은 어떤 장소의 풍경을 사실적 층위에서 묘사하는 듯한 태도를 취하고 있지만, 2연의 핵심적인 문제의식은 진술의 내용이 아니라 시어들을 연결(혹은 단절)시키고 있는 형태, 즉 '-'라는 기호의 사용방식에 있다. 이 시에서 '-'는 바느질 자국을 의미한다. 즉 시인은 '-'라는 기호를 활용하여 언어적 계기성이나 문법적 연속성이 언어에 가해진 바느질의 산물인 것처럼 표현하려고 시도하고 있는 것이다. 이런 경우 독자는 '바늘'과의 관계를 진술의 의미적 층위가 아니라 형태적 층위에서 찾게 되는데, 이러한 경험으로 인해 우리는 일상적인 시적 진술을 전혀 다르게 경험하게 된다.

3연은 높은 곳에서 내려다보는 시선에 포착된 도시 풍경이다. 시인에게 '밤'이 내려앉은 도시는 '검은 린넨'처럼 다가오고, 시인은 그 어둠을 배경으로 반짝이는 차량 불빛들과 불야성, "수만 개의 불빛의 매듭들"로 이루어진 도시의 밤 풍경을 조용히 응시하고 있다. 인적과 차량이 드문 한밤중은 아닌, 빛과 어둠이 교차하는 가운데 퇴근길의 차량들이 꼬리를 물고 서서히 이동하고, 도시를 빼곡하게 채우고 있는 건물들에 일제히 불이 켜지는 순간을 상상해보자. 시인에게 도시의 밤은 '빛'의 세계이며, 그것은 바느질의 흔적처럼 연속과 불연속이 뒤섞인 풍경으로 다가온다. 그렇다면 4연에서의 '바늘'은 어떤 의미일까? 여기에서 '바늘'은 '페넬로페'라는 기호와 이웃 관계에 놓여 있다. 알다시피 페넬로페는 호메로스의 서사시 『오딧세이』에 등장하는 오디세우스의 아내이다. 트로이 원정에 참여한 오디세우스가 칼립소 섬에 억류되어 전쟁이 끝나고 7년이 지나도 돌아오지 않자 페넬로페를 연모하던 주변 국가의 왕들이 그녀에게 청혼을 했는데, 페넬로페는 남편에 대한 정절을 지키기 위해 시아버지의 수의를 완성하면 결혼하겠다는 거짓 소문을 퍼뜨린다. 그녀는 수의를 완성하지 않기 위해 사람들이 지켜보는 낮에는 수의를 짜고 밤이 되면 낮 동안 짠 수의를 푸는 일을 반복했다. 이런 이유로 페넬로페의 바느질은 '정절'의 표상이 되었는데, 4연에서 화자는 이러한 페넬로페의 일화를 전유함으로써 "당신은 아직도 내 안에 나무를 심을 만한 터가 있다고 믿으시나요"라는 진술처럼 1연의 진술을 변주한다. 다만 여기서의 '안'과 '터'를 페넬로페의 그것, 즉 정절이라는 맥락으로 읽어야 할 이유는 없을 듯하다.

두산위브 아파트 그늘이 골목을 지그시 누르고 있다
계림전파사 검은 선팅 유리창에 비친 내가 지나간다

와이파이가 터지지 않는 골목

위성 안테나가 피어 있는 전파사 지붕 위

밤이 되어야 들여다보이는 전파사 안은

똬리를 튼 전선들이 천장까지 쌓여 있다

앵글 선반에 고장 난 오디오, 티브이, 선풍기, 밥솥이 즐비하고

선풍기 날개가 여러 개 묶여 있고

교회와 선녀보살집

구원과 족집게 점에 절연데이프로 연결된 골목

전파사 유리창으로 계절이 돌아온다

건전지를 갈아 끼운 골목에

장미 넝쿨마다 불이 들어온다

녹슨 대문 앞에 나와 앉은 노파가

환하게 켜진 장미 덩굴 아래

적외선 불빛을 쬐고 있다

붉은 ×자가 늘어나는 무림의 골목

분식집 앞에 세워둔 엑스 배너 거치대가

택시가 지나가는 바람에 훌러덩 쓰러진다

가로등과 가로등 사이 연결된 전선 위에는

오래된 습관처럼 새들이 부리를 묻고 자고 있다

―「계림전파사」전문

존 케이지의 〈4분 33초〉를 경험한 청중들이 '소리'에 대해 다른 감각을 가졌듯이, 하여진의 「바늘」을 읽은 독자들 가운데에는 일상적인 소품에 불과한 '바늘'에 대해 이전과는 다른 감각을 획득한 이들도 있을 것이다. 이처럼 시는 특유의 언어 사용법을 통해 상식과 통념에 결박되어 있는 우리에게 세계의 새로운 풍경을 열어 보임으로써 예술로서의 존재감을 획득한다. 그러나 이 '새로운 풍경'이 삶과 사유의 변화와 동떨어진 채로, 또는 그것에 근거하지 않고, 오직 '새로운 풍경'에만 집착하는 스펙터클에 그칠 때, 시는 무가치한 것이 된다. 이런 점에서 하여진의 시에서 이 새로운 풍경들의 궁극적인 방향, 즉 시적 소실점을 살피는 일이 무엇보다 중요하다. 「계림전파사」는 시인의 시선이 도달한 궁극적 지점, 즉 시적 소실점의 일면을 보여준다. 이 시의 시적 대상은 '계림전파사'라는 오래된 가게이다. 전자제품이 비교적 고가(高價)였으므로 수리해서 가급적 오랫동안 사용하던 과거와 달리 오늘날 대부분의 가전제품은 쓰다가 고장 나면 버리는 소모품으로 간주된다. 마트와 인터넷 쇼핑 등이 소비의 일반적 형태로 자리 잡음에 따라 도심의 번

화가나 아파트촌 주변에서는 '-전파사'라는 상호를 더 이상 찾기 어려운 것이 현실이다. 그런 점에서 이 시에서 '계림전파사'는 물론이고 그것이 위치한 장소에 주목할 필요가 있다.

이 시에서 그것은 '골목'이라는 단어로 집약된다. 아파트가 일반적인 주거 형태가 되면서 삶의 공간에서 '골목'의 의미는 빠르게 위축되었다. 그 결과, 오늘날 '골목'이 많은 동네는 가난한 곳이거나 미개발 지역이라고 말할 수 있다. 미개발 지역, 그곳은 아직[未] 개발되지 않았으나 가까운 미래에 개발이 예정된 곳이라는 점에서 이미 '개발'의 영향권에 포함된 공간이다. '계림전파사'는 바로 그곳에 존재한다. 아파트 그늘이 지그시 누르고 있는 골목 안에, 그것도 "와이파이가 터지지 않는 골목" 안에 위치하고 있다. 게다가 그 골목은 '교회/구원'와 '선녀보살집족집게 점' 등으로 연결되고, 골목 끝에는 "녹슨 대문 앞에 나와 앉은 노파"가 자리하고 있다. "붉은 ×자가 늘어나는 무렵의 골목"이라는 진술은 이 후락한 골목 풍경이 조만간 사라질 것임을 암시한다. 그런데 이 시에서 시인의 시선은 몰락해 가는 골목 풍경에서 시작되어 가로등 전선 위에서 부리를 묻고 잠들어 있는 '새들'에게로 이동함으로써 한 편의 다큐멘터리를 상연하는 효과를 연출하고 있다. 이 시에서 주목할 점은 시인의 시선이 「바늘」과는 전혀 다른 면모를 보여준다는 것이다. 앞에서 우리는 시인이 '바늘'이라는 일상적인 대상을 개성적인 방식으로 변주하여 '새로운 풍경' 속에 안착시키는 장면을 확인했고, 그것을 가리켜 대상에 대한 낯선 감각의 환기라고 말했다. 반면 이 시에는 그러한 변주, 즉 낯선 감각이 거의 나타나지 않고 대신 사실적인 이미지 묘사를 통한 비극성, 시적 승화의 방식을 통해 그 비극성으로부터 빠져나오는 서정시의 전통적인 발화법이 두드러진다. 요컨대 하여진의 시에는 두 개의 이질적인 시선이 공존하고 있는 셈이다. 그리고 '골목'으로 상징되는 낡고 오래된 주변적 세계에 주목할 때 대상에 대한 변용 능력, 즉 익숙한 대상을 낯설게 표현하는 능력이 위축되면서 대신 이미지를 통한 사실성에의 의지가 강해진다.

3.

「시인의 말」은 이렇게 시작된다. "이사를 나이보다 더 많이 했다." 이사(移徙)가 빈번하다는 것은 안정적인 생활을 영위하지 못했다는 의미이지만, 낯선 공간에 자주 놓였다는 의미로 이해할 수도 있다. 이 잦은 이주(移住)

의 경험은 하여진의 시에서 다양한 공간으로 구체화된다. 그런데 그 다양한 공간에 대한 시인의 경험에서는 흥미로운 공통점이 발견된다. 시인의 시선이 고집스럽게 삶의 가장자리, 즉 주변적 세계에 머문다는 사실이다. 시인은 잦은 이사를 통해 다양한 공간을 경험하지만, 그때마다 시인의 관심이 투사된 대상, 즉 장소는 유사했던 것이다. 「계림전파사」에 등장하는 다양한 가게들과 '골목'으로 요약되는 주변적 삶의 세계가 대표적이다. 주변, 즉 가장자리는 삶의 한계에 대한 공간적 메타포라고 말할 수 있으며, 그곳에서의 삶은 매우 힘들고 척박하기 마련이다. 오해와 달리 그곳에서도 삶의 시간은 끊이지 않고 흐른다. 하지만 그곳에서의 삶은 이미-항상 불안정성 속에서 영위된다는 점에서 위기의 시간을 사는 것이라고 말할 수 있다.

    썰물 가득 찬 지하 밑바닥

    밤마다 문틈 사이로

    낮은 해조음 소리 흘러나오는 방

    옷걸이보다 높은 짐 하나 없던 이삿짐 트럭에

    채석강만 가득 싣고 옮겨오던 날

    노을빛에 어른대는 뒷모습만 붉었을 뿐

가끔 비 오는 날이면 계단에 인기척 같은
물 발자국 말고는 방주인은 본 적이 없다
그 방문을 지날 때마다 바다 냄새가 난다
새로 생긴 해안선으로
새로 생긴 구름 깔린 해변에
너럭바위 장판 삥 둘러 비스듬히 쌓아 올린
얇고 두꺼운 책 사이로 물거품을 인다
삶의 침식으로 닳아
층층 마디에서 짠물에 얼룩진 책갈피
청춘의 갯내음만 가득 찬 방
햇살 실금도 못 들어오는 벽 틈으로
빗물이 들고
깨진 별이 들고
밤마다 해안선 속으로 빠져드는 기도 소리
  ―「남부민동 684번지에 채석강이 흐른다」 전문

안쪽부터 무너지기 쉬운 광장
가지가 휘어지도록 사과를 달고 있는 사과나무처럼
구석을 매달고 있어야 광장이 지탱한다
잠깐 오늘을 맡겨두어야 할 코인 락커도

벗겨도 구석만 까지는 양파도

울어도 구석만 까지는 파도도

가로의 구석 세로의 구석 사선의 구석 원의 구석으로

사물은 태어나고 죽고

라이벌도 없고 호기심도 없는

기댈 데가 없는 막막한 구석

구석에 길든 이미 갈 데까지 와버린

그래서 구석일 수 있는 구식

미래도 현재도 과거도 존재하지 않는 어둠이지만

어둠은 쉴 새 없이 안달하게 한다

벽지에 규칙적인 꽃들의 반복뿐 생계 저쪽에 불멸하는

삶은 나태한 연결무늬로 축축한 곰팡내 나는 생식기

주공 아파트 506호

어안렌즈에 썩은 냄새가 가득 차 있다

생의 구석에서 ㄱ자로 죽어

두 달이 넘어 발견된 독거노인

―「구석」부분

앞에서 우리는 시인의 시선이 주변적 세계에 머물 때면 개성적인 변용의 의지가 약화되면서 사실적인 이미지 묘사가 전면에 등장한다고 이야기했다. 그러한 특징은 여기 인용한 시편들에서도 동일하게 반복된다. 시인은 "남부민동 684번지"나 "주공 아파트 506호"처럼 구체적인 지번과 동호수를 의도적으로 노출하는데, 이는 시적 진술의 사실성을 고조시키는 효과를 발휘한다. "남부민동 684번지"는 부산 충무동 새벽시장 부근으로 대표적인 주변적 삶의 공간이다. 시인은 그곳에 위치한 '방'을 사실적으로 형상화함으로써 삶의 비극적인 분위기를 연출한다. "밤마다 문틈 사이로/낮은 해조음 소리 흘러나오는 방"으로 누군가가 이사를 온다. 누가 이사를 온 것일까? 하지만 이 시에서 초점은 이사의 주체, 즉 '누구'의 정체가 아닌 퇴락한 공간에 맞춰져 있다. "옷걸이보다 높은 짐"이 없다는 것은 가난하다는 것을 뜻한다. 실제로 그가 삶을 영위해야 할 공간은 비가 오는 날이면 인기척 대신 "물 발자국"만 목격되는 곳이다. 시인은 이 이사 장면을 가리켜 "채석강만 가득 싣고 옮겨오던 날"이라고 표현했는데, 여기서 '채석강'은 "얇고 두꺼운 책 사이로 물거품을 인다", "층층 마디에서 짠물에 얼룩진 책갈피" 같은 진술과 결합되어 '책-이미지'를 형성한다.

알다시피 '채석강'은 단층(斷層)과 습곡(褶曲)으로 유명한 곳이다. 시인은 세간살이는 없고 책만 잔뜩 쌓여 있는 방 안 풍경, 특히 그 책들이 얇은 벽으로 스며든 빗물에 젖어가는 모습을 채석강의 기암절벽에 빗대어 표현하고 있다. 하지만 이러한 비유의 참신함은 햇살이 들지 못하는 벽 틈으로 빗물이 스며드는 풍경, 그리하여 쇠락한 공간과 더불어 삶 자체가 '침식'되는 삶의 비극성보다 중요하지 않다.

「남부민동 684번지에 채석강이 흐른나」에서 퇴락한 '방'이 주변적 삶의 공간적 메타포라면, 「구석」은 독거노인의 고독사에 '구석'이라는 기호를 부여하는 방식으로 '주변'의 의미를 변주한다. 「남부민동 684번지에 채석강이 흐른다」에서 공간의 침식이 곧 "삶의 침식"이었듯이, 「구석」에서 "주공 아파트 506호"라는 구석-공간은 곧 "생의 구석"을 의미한다. 이렇게 보면 「계림전파사」의 '골목', 「남부민동 684번지에 채석강이 흐른다」의 '방', 「구석」의 '주공 아파트 506호'는 모두 주변적인 삶의 공간, 주변화된 삶을 지시한다는 점에서 '주변'의 다른 이름들이라고 말할 수 있다. 이 시에서 가장 인상적인 부분은 '구석'이라는 시어의 중층적 의미를 살린 대목이다. 일반적으로 '구석'은 '모퉁이 진 곳의 안쪽', 즉 주변적인 공간을 가리킨다. 그것은 공간적인 층위에서는 '중심'이 아닌 곳이라는 의미를 갖지만, 또한 "기댈 데가 없는 막막한 구석"처럼 공간과 무관하게 확장되어 사용되기도 한다. 그리하여 "구석을 매달고 있어야 광장이 지탱한다", "벗겨도 구석만 까지는 양파", "기댈 데가 없는 막막한 구석"처럼 시인은 '구석'이라는 단어를 공간적 의미와 탈(脫)공간적 의미를 혼합하는 방식으로 사용하여 위기에 처한 삶을 조명한다. "어둡고/ 세상 제일 안쪽 구석진 자리"(「굳은살 프로젝트」)라는 진술에서 '구석'의 의미도 이와 같다. 이처럼 '구석'이라는 일상적 언어를 공간적인, 혹은 비(非)공간적인 이중적 맥락에 위치시키는 절합(articulation) 능력이야말로 언어에 대한 시인의 감각을 돋보이게 만든다.

이처럼 하여진의 시에서 시인의 시선은 이미-항상 주변, 가장자리, 경계, 구석을 향하는 경향을 유지한다. '주변'과 '구석'에 대한 시인의 관심은 맹목적이라고 말할 수 있을 정도여서 그는 '모과'의 향기에서도 "죽음의 향기"(「모과」)를 끄집어내고, 꽃집에서 우연히 맡은 '파스 냄새'에서도 "술만 취하면 꽃을 쏟아 놓고 짓밟는 남편"(「꽃과 파스」)의 폭력 장면을 읽어낸다. 안보다는 밖, 양지보다는 음지, 햇볕보다는 그늘, 그리고 중심보다는 주변을 통해 세계를 경험하는 태도는 하여진의 시세계가 도달하고자 하는 궁극적인 방향을 지시하는 이정표라고 말할 수 있을 듯하다. 이 주변적 세계/삶에 대한 형상은 밤하늘의 어둠을 배경으로 흩어져 있는 별처럼 시집 전체에 흩뿌려져 있다. 가령 "햇빛보다 비가 더 새는 축축한 내 방 좁은 다락"(「Q, 해성 오디션」), "우체국 모서리 난전"(「비둘기와 튀밥 할머니」), "쓰레기더미가 꽃처럼 피어 있는 빈민가"(「Itaewon과 곰팡이꽃 풀 옵션」), "빈집은 빈십이 되고부터 녹슨 시간을 밖으로 퍼냈던가"(「물 위의 빈집」), "어둡고/세상 제일 안쪽 구석진 자리"(「굳은살 프로젝트」), "마침내 주영상회 전기가 끊겼다"(「허(虛)」), "테이프로 꿰맨 금간 유리창 안"(「굴성」), "테이프로 박은 깨진 거울 사이"(「봄, 익스프레스」), "구석구석 삭은 내 나는 삼일극장/ 머잖아 고속철 공사로 철거될 극장"(「삼일극장」) 같은 표현들은 '공간/장소'를 매개로 주변적 삶의 일면을 드러낸다. 그리고 이러한 공간적 인식이 특정한 인물에게 적용될 때 "틈만 나면 아픈 나이들이/ 하나둘 모여드는, 희망야학 교실에는/ 저녁 일곱 시가 켜진다"(「지우개로 지워지지 않는 꿈」), "빈티지 가게에서/ 한 장에 삼천 원, 두 장에 오천 원/ 판매대에 쌓여 있는 후광을 고른다"(「벼룩

시장에서 후광을 사다」), "노인 복지 회관 마당에서 게이트볼 소리가 피어난다고 쓴다"(「낮에 쓴 일기」), "가난에는 사이즈가 없어요/ 줄였다 늘였다 입을 수 있는 몸"(「몸뻬꽃」) 같은 진술이 탄생한다. 마찬가지로 "번식만 하다 죽어가는 모견처럼/ 검은 숲에 처박혀/ 가슴팍에 파고드는/ 야윈 바람의 새끼들에게/ 수백 개의 젖을 물리고 있는 슬픈 토종의 운명"(「고욤」)은 이러한 주변적 삶에 대한 시선을 자연적 대상에까지 확장한 결과라고 말할 수 있다.

4.

> 케밥 가게, 되네르에 꽂힌 양고기만큼 작아진 저녁 아홉 시가
> 이태원의 네온 불빛에 곁에서부터 익어가고 있다
> 거대한 빌딩 숲 뒤의 오르막길
> 쓰레기더미가 꽃처럼 피어 있는 빈민가
> 우사단길 노린내가 이삿짐 트럭 안으로 몰려온다
> 골목 끝에서 이삿짐을 풀었다
> 낡은 불빛, 꿉꿉한 냄새 진동하고 벽지에는 사진에 없는

곰팡이가 웃긋불긋 피어 있다
지나가는 사람들의 발만 보이는 반지하
왼발은 지상에 오른발은 지하에 인생은 양다리 인가
벽에서 떼어놓아야 하는 가구처럼
삶에서 꿈은 조금 떼어놓아야 할까
꿈을 위해 아직 늙지 못한 육십 대와
튕길수록 청춘이 흔들리는 피크에 사로잡힌 삼십 대에게는
한 점의 빛도 허락하지 않는 어둠 속이
포자도 없는 꿈을 퍼뜨리기에 안성맞춤이다
누르면 장판 밑에서 서식하는
얼룩진 삶

그리 멀지 않은 곳에서 햇빛의 중얼거림이 들린다
당분간은 내버려 둘 것이다
매일 먹지에 눌러 쓴 타투의 눈물방울처럼
한 치의 오차도 없이 되짚어 오는
불안의 결로로 시간이 미끌거릴 테니까
곰팡이를 먹고 곰팡이를 바르며
곰팡이를 써야 하는 서울살이
방세를 떼먹고 도망간 이방인이 벽지에 갈겨 쓴 낙

서 위에

　　　　　　Fuck you

　　누운 자세로 손가락으로 글씨를 따라 쓴다

　　검은 천으로 히잡을 둘러쓴 이태원의 밤하늘

　　눈만 반짝이는

　　　　　―「Itaewon과 곰팡이꽃 풀 옵션」 전문

　하여진의 시에는 세계를 바라보는 두 개의 이질적인 시선이 공존하고 있다. '바늘'이라는 동일한 대상/기호를 다양한 맥락으로 변주하여 낯설게 제시하는 「바늘」, 그리고 차창 밖으로 펼쳐지는 다양한 풍경을 "가로, 세로, 글자들, 무덤 같은 괄호는 빨간 밑줄 그으며/ 산을 읽을 때는 세로로 읽어야 해요."(「베스트셀러 읽어 보세여」)처럼 '베스트셀러=텍스트'로 해석하는 개성적인 독법의 시선이 그 하나라면, 주변적 삶에 대한 관심을 드러내는 시편들, 즉 시적 대상을 개성적으로 표현하기보다는 '주변/구석'이 환기하는 삶의 비극성 자체를 사실적으로 표현하려는 시선이 다른 하나라고 말할 수 있다. 하여진의 시에서 이들 두 시선이 동시에 드러나는 경우는 드물다. 즉 시적 대상에 대한 변용의 의지가 강할 때에는 대상의 비극성이 약해지고, 반대로 시적 대상의 비극성이 강조될 때에는 변용의 의지가 좀처럼 두드러지지 않는다. 이는 시적 대상의 특징과 시적 변용, 아니 그것을 대하는 시인의 태도가 무관하지 않다는 의미이기도 하다. 어쩌면 대상에 대한 변용의 의지는 그것과의 심리적 거리가 존재할 때에만 가능한 것이 아닐까? 한 가지 분명한 점은 시적 대상에 대한 변용 의지와 시적 대상이 환기하는 존재의 비극성이 어우러질 때, 두 시선이 양자택일이 아니라 일정한 수준으로 수렴되는 지점이 존재한다는 사실이나. 표제작인 「Itaewon과 곰팡이꽃 풀 옵션」이 대표적인 경우일 듯하다.

제목에서 드러나듯이 이 시의 공간적 배경은 이태원이다. 시인에게 이태원은 화려한 소비의 공간이 아니라 "거대한 빌딩 숲 뒤의 오르막길/ 쓰레기더미가 꽃처럼 피어 있는 빈민가"로 표상되는 주변적인 세계이다. 시인은 이곳을 '이태원', 즉 한국인의 일상적 기호인 '이태원'이 아니라 'Itaewon'이라고 쓰고 있다. '우사단길 노린내'가 풍기는 골목, 그곳에 누군가의 세간살이를 실은 "이삿집 트럭"이 들어선다. 우사단길은 파키스탄, 터키, 인도 등지의 음식점과 외국어로 쓴 간판, 히잡과 터번을 쓴 이방인이 다수 거주하고 있어서 이태원에서도 특별히 이국적인 분위기가 물씬 느껴지는 곳이다. 트럭의

최종목적지는 골목 끝에 위치한 '반지하' 공간이다. 이 방인들의 세계인 이태원, 그 중에서도 반지하("지나가는 사람들의 발만 보이는 반지하/ 왼발은 지상에 오른발은 지하에 인생은 양다리 인가") 공간은 화자의 삶이 이중적인 의미에서 주변적임을 암시한다. '낡은 불빛', '꿉꿉한 냄새', 벽을 뒤덮고 있는 '곰팡이', 화자는 바로 그곳에서 "삶에서 꿈은 조금 떼어놓아야 할까"라는 상념에 잠긴 채 '얼룩진 삶'을 시작한다. 시인은 이 모든 악조건을 가리켜 '풀 옵션'이라고 표현하고 있다. 일반적으로 '풀 옵션'이란 다양한 편의시설이 완벽하게 갖춰져 있다는 것을 뜻하므로 이것은 일종의 반어라고 말할 수 있다. 존재와 당위의 간극에서 비롯되는 반어적 태도는 이 시에서 주변적 삶의 비극적 느낌을 한층 강화하는 기능을 수행하는데, 특히 이 시에서는 화자의 비극적 상황을 둘러싸고 있는 세계가 "케밥 가게, 되네르에 꽂힌 양고기만큼 작아진 저녁 아홉 시가/ 이태원의 네온 불빛에 겉에서부터 익어가고 있다", "매일 먹지에 눌러 쓴 타투의 눈물방울처럼/ 한 치의 오차도 없이 되짚어 오는/ 불안의 결로로 시간이 미끌거릴테니까" 등처럼 개성적인 표현을 통해 간접화되고 있다는 점이 인상적이다. 이처럼 하여진의 시는 항상 중심이 아닌 주변, 그 어둠을 배경으로 시작된다. 그녀의 시에는 주변적 삶에 대한 응시는 존재하지만 대상에 대한 거짓 위안, 관념을 통해 상처를 봉합하려는 태도가 드러나지 않는다. 누군가는 무심한 듯 보이는 이 태도에 불만이 있을 수도 있겠으나 나는 대상에 대한 관념적 개입을 절제하는 이 태도야말로 하여진 시의 특징적인 면모라고 생각한다. 그녀의 시는 다만 주변적 삶이, 어떤 삶이 존재한다는 사실을, 이 세상 곳곳에 중심에서 벗어난 삶이 존재한다는 사실을 증언할 따름이다.